BIBLIOTHEQUE NATIONALE DE FRANCE
3 7502 01297948 2

PIERRE PREDA

*Ancien professeur à l'Académie de Neuchâtel
et à l'Académie Navale de Livourne*

POUR L'AMITIÉ ITALO-FRANÇAISE

Simple avis d'un italien francophile sur les relations de la France et de l'Italie

« Nous chercherons quel est le nom de l'espérance;
« Nous dirons: ITALIE! et tu répondras: FRANCE!

VICTOR HUGO à GARIBALDI, 1867.

LIVOURNE

IMPRIMERIF LIVOURNAISE

—

1917

POUR L'AMITIÉ ITALO-FRANÇAISE

OUVRAGES DU MEME AUTEUR

La Rivelazione e la Ragione, trattato filosofico-popolare. — Ginevra, Tipografia Ducommun et Com., 1866 (épuisé).

Premier livre de lectures italiennes à l'usage des Français, avec des remarques grammaticales et des exercices de conversation, — Neuchâtel, Delachaux Frères, Editeurs, 1873. — *(Ouvrage approuvé par le Département de l'Instruction Publique du Canton de Neuchâtel).*

L'Exposition Nationale Italienne de 1881 à vol d'oiseau. — Milan, P. Ferrari, Editeur, 1881 (épuisé).

La Chiesa e l'Italia, conferenza tenuta all'Associazione Nazionale di Milano nella seduta del 30 gennaio 1882. — Milano, Tipografia A. Gerosa, 1882 (épuisé).

Mémoire à l'appui de la pétition présentée à la Haute Assemblée Fédérale le 15 Mai 1882 par des Tessinois établis à Milan. — Milan, Imprimerie A. Gerosa, 1882.

Le Sommeil Interrompu ou sans brûler une cartouche. Souvenir de la Campagne de Sicile en 1860. Tiré à part du Feuilleton du *Journal de Genève* (épuisé).

La Pedagogia di Francesco Rabelais. — Novara, Tipo-Litografia Fratelli Miglio, 1886 (épuisé).

L'Idea religiosa e civile di Dante. — Milano, Fratelli Dumolard, 1888.

Quelques proverbes des langues romanes. — Livourne, Imprimerie Benvenuti et Cavaciocchi, 1912.

Pour paraître prochainement:

La poésie patriotique en Italie, depuis les origines de la littérature italienne jusqu'à nos jours.

Poètes satiriques italiens.

PIERRE PREDA

*Ancien professeur à l'Académie de Neuchâtel
et à l'Académie Navale de Livourne*

Pour l'amitié italo-française

Simple avis d'un italien francophile sur les relations de la France et de l'Italie

" Nous chercherons quel est le nom de l'espérance;
" Nous dirons: ITALIE! et tu réprondras: FRANCE!

VICTOR HUGO à GARIBALDI, 1867.

LIVOURNE

IMPRIMERIE LIVOURNAISE

1917

C'est avec d'indélébiles sentiments de gratitude patriotique et de profonde admiration, que j'ose dédier ces humbles pages de sincérité

à M. Antoine Salandra,

le ministre inoubliable, qui, fidèle interprète des aspirations nationales, dans une heure solennelle et décisive, a su — avec une sereine grandeur, digne de l'ancienne Rome — renouer les glorieuses traditions de nos premières luttes pour l'indépendance et acheminer, d'une main sûre, l'Italie vers la réalisation de ses destinées lumineuses, par l'accomplissement de la grande mission qui lui est réservée parmi les peuples libres, émancipés de toute hégémonie et marchant au progrès dans la voie de la parfaite égalité politique et de la fraternelle émulation.

Livourne, Décembre 1916.

P. P.

TABLE DES MATIÈRES

ERRATA.

Pag. 14, 16.me ligne: en *autre*   — lisez: en outre
»   16, 1.re   »   *per*   — » par
»   »   29.me   »   au delà   — » au-delà
»   17, 14.me   »   Assemblèe   — » Assemblée
»   24, 7.me   »   poignèe   — » poignée
»   26, 8.me   »   intérét   — » intérêt
»   »   19.me   »   elle-méme   — » elle-même
»   27, 12.me   »   vélléité   — » velléité
»   29, 1.re   »   Aprés   — » Après
»   »   2.me   »   délivrance   — » délivrance
»   »   6.me   »   si heureuse   — » si heureuses
»   »   13.me   »   surtcut   — » surtout
»   »   15.me   »   ordre d'idée   — » ordre d'idées
»   30, 14.me   »   Il se *souvenuient* — » Il se souvenait
»   31, 9.me   »   *quelques* chose   — » quelque chose
»   37, 4.me   »   *a*   — » à
»   46, 10.me   »   á   — » à
»   50, 8.me   »   présent   — » présent
»   66, 33.me   »   Aigéric   — » Algérie
»   70, 32.me   »   *on* nous rendant — » en nous rendant
»   73, 33.me   »   p. *94*   — » p. 194
»   74, 25.me   »   *satisfation*   — » satisfaction
»   75, 12.me   »   le " *Siecle* „   — » le " Siècle „
»   »   29.me   »   *On* peut dire — » On peut dire
»   76, 27.me   »   *asset* agaçante   — » assez agaçante
»   77, 11.me   »   qu'*auraient* dû   — » qu'aurait dû
»   79, 26.me   »   coûté   — » coûté
»   80. 7.me   »   si nous serions pas — » si nous ne serions pas
»   81, 21.me   »   *peu un plus* loin — » un peu plus loin
»   82, 15.me   »   *dernièrere*   — » dernière
»   83, 5.me   »   développe   — » développe
»   »   26.me   »   *convinction*   — » conviction
»   84, 8.me   »   C'est bien, notre-condition — » C'est bien notre condition
»   89, 1.re   »   De même, la guerre actuelle — » De même, sa guerre actuelle
»   91, 5.me   »   *Conquéravt*   » Conquérant

AVANT-PROPOS

Les nuages qui assombrirent, pendant trop longtemps, hélas! le ciel de l'amitié italo-française sont enfin dissipés.

C'est une heureuse constatation, pour les deux peuples voisins, ainsi que pour le monde latin tout entier et pour toutes les nations qui se sont vouées à la défense du droit et de la civilisation.

Oui: l'Italie et la France, réunies par l'imminence de calamités inouïes et par les mêmes aspirations d'ordre supérieur, se sont, on peut le dire, retrouvées; aussi marchent-elles désormais fraternellement, la main dans la main, décidées à lutter jusqu'au bout, pour la sauvegarde de leurs intérêts nationaux et de l'idéal de progrès universel dont le culte leur est plus que jamais commun.

Voilà qui est bien sûr. Et, en effet, dans les protestations réciproques de sympathie qu'on se prodigue, depuis près de deux ans, à travers les Alpes, c'est bien une indissoluble alliance et une amitié constante que l'on se promet à l'envi.

N'est-ce pas d'un heureux augure pour l'avenir des deux nations sœurs et pour celui de la civilisation latine elle-même? Sans doute! Et pourtant, — il faut bien l'avouer, — sous la parfaite cordialité et l'ardeur communicative des heureuses manifestations auxquelles nous assistons chaque jour, on ne saurait ne pas remarquer une sorte de gêne, qui est faite pour inspirer quelque appréhension. On

sent qu'au milieu des épanchements chaleureux d'une réconciliation d'autant plus précieuse qu'elle paraissait
naguère si difficile à obtenir, il est encore des sujets de
conversation que l'on n'ose pas trop aborder, qu'on s'applique même à éviter ; qu'on est un peu, suivant l'expression
familière, *en délicatesse,* soucieux de ne rien dire qui
puisse même légèrement blesser ; — qu'il manque, en un
mot, des deux côtés, la confiance illimitée, le franc parler
et l'abandon qui caractérisent au fond l'amitié véritable.

Pourquoi cela ? Parce qu'on n'a pas eu le courage
de s'expliquer d'abord franchement au sujet des anciens
motifs de froissement, de ressentiment, de haine même, qui
avaient si déplorablement séparé un jour deux nations faites
pour s'entendre. Et maintenant qu'arrive-t-il ? Nous le voyons chaque jour. Faute d'avoir su liquider courageusement
le passé, on demeure plus que l'on ne pense sous sa fâcheuse influence ; ce qui nous fait pitoyablemente patauger
dans la basse région des équivoques et des demi-vérités
conventionnelles, où règnent, à grands renforts de com-
plaisants euphémismes, les compromis timides et quelquefois même les arrière-pensées habilement déguisées....

C'est ainsi, par exemple, qu'on ne se lasse pas de
répéter, en France surtout, que les deux nations n'avaient
été séparées, au fond, que par des «malentendus». Le mot a
fait fortune des deux côtés des Alpes, parce que le nombre
est infini partout de ceux qui affectionnent les lieux communs
« stéréotypés », à l'aide desquels on se dispense d'aller au
fond des choses et d'affronter les difficultés des situations.

Des malentendus ! Il n'y aurait donc eu que de pareilles vétilles entre la France et l'Italie ; à savoir, ainsi que
le mot l'indique, de simples méprises, qui auraient em-
pêché de s'entendre...,des expressions un peu malsonnantes,
mal comprises ou exagérées ou interprétées même à rebours
par une susceptibilité trop chatouilleuse. Et de pareilles

misères, de simples froissements d'amour-propre, auraient suffi pour détruire l'amitié de deux grandes nations ? C'est faire injure à leur mentalité que de le soutenir ; mais heureusement la fausseté de cette affirmation est si évidente, qu'elle saute aux yeux.

D'un autre côté, il n'est pas rare de rencontrer en Italie des gens qui, tout en se réjouissant de l'entente si bien rétablie entre Rome et Paris, ne se font pas faute d'exprimer des préoccupations, — oh ! très légères ! — touchant ce que sera au juste la conduite de la France envers nous, après la défaite des Empires du Centre... Voilà encore une disposition d'esprit peu propice à l'amitié durable qu'on souhaite.

Comment sortir de là ? Il n'existe qu'un moyen, et c'est de faire appel à la vérité historique. Il importe plus que jamais, en ces heures où mûrissent les destinées des nations, de faire connaître à nos frères de France ce qui, par la faute surtout de leurs gouvernements, nous avait autrefois séparés, jusqu'à nous faire graviter, nous autres Italiens, dans l'orbite de l'Allemagne ; — et il n'importe pas moins de rappeler chez nous ce qui, dans notre orientation politique, quelque peu spontanée qu'elle fût, avait contribué à faire détester en France l'Italie, comme une nation ennemie, tranchons le mot.

A la lumière de ces réalités, examinées dans un esprit de constante sympathie et avec une volonté bien ferme d'inébranlable estime et de confiance parfaite, on pourra comprendre de part et d'autre, jusqu'à quel point il y a eu dans les causes de nos discordes et de l'éloignement regrettable dont nous avions eu tant à souffrir, les uns et les autres, quelque chose de fatal, d'extérieur, pour ainsi dire, d'imputable aux circonstances où l'on s'est trouvé, et dont il ne serait pas juste d'attribuer la responsabilité à une intention malveillante de l'un ou de l'autre peuple.

Et lorsque la voie, qui devra désormais être parcourue ensemble, sera ainsi déblayée des décombres d'un passé bien irrévocable, combien seront rendus plus aisés nos relations et notre accord loyal, et avec quelle fermeté amicale il sera aussi toujours facile — à Paris comme à Rome, — d'écarter à l'avenir, entre deux peuples si intimement liés, jusqu'au simple soupçon de ces mésintelligences qui peuvent toujours se produire même dans les unions les plus sûres, mais qui ne résistent pas à de franches explications!

Et bien! C'est justement à la liquidation définitive d'un passé en partie déplorable que nous entendons porter notre concours, et cela dans un esprit de chaleureuse sympathie pour la France, lequel n'est égalé que par les inspirations du plus ardent patriotisme italien. Les deux sentiments ne s'excluent point, bien s'en faut!

Dans l'accomplissement de cette tâche, désintéressée certes et qui n'est pas non plus sans exiger une certaine dose de courage, — en raison de la faveur que paraissent encore rencontrer les appréciations arbitraires et superficielles; — nous comptons beaucoup sur la bienveillance de ceux qui n'ont vraiment à coeur que la cordiale entente des deux nations. Quant aux gens trop timorés ou cauteleux ou excessivement *habiles*, qui continuent béatement de se payer — ou font semblant de se contenter — de phrases trop usées, aussi creuses que retentissantes, et de variations plus ou moins littéraires, poétiques ou *pittoresques* sur la fraternité franco-italienne, — ce qui est beaucoup plus commode que de se donner la peine d'envisager là-dessus la réalité objective des choses, — ceux-là feront très bien de ne pas lire ces pages; car, nous tenons même à les en prévenir, ils n'y trouveraient, avec une sollicitude loyale et empressée pour l'intimité italo-française, que l'expression constante de la plus complète sincérité.

INTRODUCTION

« ...Il appartient à tous les hommes de bonne volonté, des deux côtés de la frontière, de rectifier les erreurs d'antan, et de faire connaître, dans toute leur réalité, les intentions d'aujourd'hui et de demain ». (1)

Le sujet qui va nous occuper, — l' amitié italo-française, — ne saurait être envisagé tout à fait à part, en faisant abstraction de la situation générale de l'Europe, à laquelle il se rattache au contraire intimement; d'abord, parce qu'il s'agit là d'un des rares épisodes réjouissants de l'immense drame aux vicissitudes si tragiques et angoissantes, qui tient encore nos âmes en suspens et dont le dénouement devra décider de l'avenir du monde civilisé; ensuite, parce que l'heureuse phase où sont entrées définitivement les relations de la France et de l'Italie, a trouvé précisément sa cause occasionnelle dans le grand conflit international et que l'alliance désormais étroite des deux nations est appelée, à son tour, à exercer une action décisive dans la formation de la future association des peuples libres.

Il faut par conséquent que nous commencions par dégager rapidement de l'amas confus des grands événements matériels quelque lumière sur leur valeur morale.

On peut observer, en premier lieu, qu'il n'est presque pas de calamité, si grande soit-elle et quelque irréparables qu'en paraissent les conséquences immédiates, de laquelle

---

(1) *L' Italie et la guerre, d'après les témoignages de ses hommes d' Etat.* Préface par Henri Hauvette, Librairie Armand Colin, Paris, 1916.

il ne puisse sortir, tôt ou tard, un peu de bien aussi, qui est comme une façon de dédommagement des maux immenses que l'on doit déplorer. Aussi, au milieu des pires désastres, a-t-on assez souvent l'occasion de rappeler le proverbe, qu'à quelque chose malheur est bon.

C'est justement le cas pour l'épouvantable guerre qui, depuis voilà bientôt vingt huit mois, bouleverse, dévaste et dépeuple l'Europe, à travers des ruines et des deuils incommensurables.... Sans doute, on ne maudira jamais assez les auteurs responsables d'une si terrifiante conflagration ; mais il n'en faut pas moins reconnaître que ce comble d'horreurs a eu sur ce qu'on pourrait appeler l'âme des nations une influence qu'on ne peut s'empêcher de déclarer heureuse et bienfaisante et à laquelle ne s'attendaient certainement pas ceux dont la folle et criminelle ambition a déchaîné sur le monde ce cataclysme.

L'injuste et formidable agression germanique a eu, en effet, d'abord, ce premier résultat, d'éveiller parmi les nations attaquées ou menacées un esprit de solidarité qui semblait étouffé par des rivalités mesquines et de tenaces méfiances et de raviver inopinément de tous les côtés le courage de la résistance.

Nous ne ferons certes pas honneur aux Empires du Centre de cette renaissance admirable de l'esprit d'indépendance et de fraternité internationale... On ne doit aucune reconnaissance à des bandits, si, en attaquant les gens paisibles, pour les dépouiller, ils donnent, bien involontairement, à ces derniers une occasion de faire éclater, en se défendant, leur courage. Toutefois, le fait n'en mérite pas moins d'être constaté, — ce qui n'empêchera pas de regretter amèrement qu'il ait fallu des calamités si inouïes et tant de sang répandu, pour faire éclore chez les nations la concorde, le patriotisme ardent, l' indomptable héroïsme, dont nous voyons des exemples si lumineux.

Il faut en outre remarquer que les prétentions intolérables de l'hégémonie allemande, les injustes agressions, les violations de la neutralité des petits Etats, le mépris des traités, et les atrocités commises par les hordes allemandes et autrichiennes ont eu pour contre-coup, chez toutes les nations coalisées contre la tyrannie des Empîres du Centre, un retour soudain au respect du droit des gens et des autonomies nationales, ainsi qu'une manifestation plus vive et agissante de la morale publique, de l'esprit humanitaire et même des sentiments chevaleresques.

Et cependant les précédents de quelques-uns de ces Etats avaient pu faire croire qu'ils avaient aussi pris quelquefois pour guide de leurs actions la maxime chère aus Germains, que « la force prime le droit ! ».., Glissons, n'appuyons pas !

Mais les voilà toutes d'accord, ces Puissances, pour flétrir à l'envi l'esprit de conquête, l'ambition effrénée, la mauvaise foi, la violation des pactes, l'oppression des faibles, les cruautés inutiles. Serait-ce de l'hypocrisie ? Cela constituerait toujours une espèce d'hommage rendu à la vertu... Nous devons croire cependant qu'il y a là quelque chose de plus respectable ; que c'est plutôt, — par la force même des choses et sans l'ombre d'un calcul, — un engagement formel et positif, pris par chacune des nations alliées, de marcher dans le droit chemin de la justice et de la loyauté, ne fût-ce que pour justifier sa propre révolte contre les iniquités et les immoralités dont elle a failli être la victime, ou dont elle a vu les autres souffrir....

Cet heureux revirement, — qu'on pourrait même, pour quelques-uns de ces Etats, appeler une résipiscence, — et qui est en train d'amener par la loi des contraires le triomphe d'un peu de justice dans le monde (espérons-le, du moins!) rappelle un peu, *mutatis mutanda*, la donnée fondamentale d'une piquante nouvelle de Charles Dossi, inti-

tulée « La colonie heureuse ». Ce spirituel écrivain milanais imagine donc que le gouvernement d'on ne sait quel
Etat, las de nourrir et loger les malfaiteurs condamnés à
la réclusion (et cela sans ancun avantage pour leur réhabi-
litation...), décide de vider toutes les prisons et d'en faire
transporter les "locataires,, dans une île reculée et déserte,
éloignée de toute ligne de navigation, mais au climat sa-
lubre et au sol fertile et de les y abandonner à eux-mêmes,
non sans toutefois les avoir pourvus d'instruments de travail, de graines pour ensemencer la terre, de bétail, et de
tout ce qu'il faut pour fonder une colonie agricole.

Qu'arrive-t-il là-bas ? Est-ce que ces singuliers Robin-
sons, livrés sans contrainte aux suggestions de leurs mauvais instincts, finissent tout bonnement par s'entre-détruire,
à l'instar de ces milliers de malheureux chiens, que les
Turcs (toujours si humains et civilisés dans leurs expé-
dients) envoyèrent, dans une île aussi (il n'y a pas bien
longtemps de cela) s'entre-dévorer, faute d'aliments, pour
débarrasser Constantinople de ses uniques " agents de la
propreté,,, devenus trop encombrants ? Non, les choses se
passent autrement, dans l'île rêvée par Dossi. Naturellement, au début, ces libres déportés ne témoignent pas d'une
grande ardeur pour un travail régulier. Ils commencent par
consommer une bonne partie des victuailles, des boissons
surtout. Il y a d'abord des vols, des rixes, des coups de
couteau et de trique, des meurtres même, si j'ai bonne mémoire, qui éliminent quelques-uns des gredins les plus in-
corrigibles. Mais déjà les vivres sont rares. On va tous
mourir de faim, si un accord n'intervient pas en vue de se
livrer au travail. Quelques-uns de ces anciens forçats, plus
intelligents que les autres, reconnaissent la nécessité d'un
brin d'ordre et de justice, dans l'intérêt commun. Ils s'imposent, réduisant à l'impuissance les plus malintentionnés
et les plus réfractaires au bien. On entame de la sorte,

tant bien que mal, le défrichement du sol: la fécondité de celui-ci, jointe à une chaleur tropicale, alternant avec des pluies torrentielles, donne tout de suite une abondante récolte, qui est déjà une récompense et un encouragement au travail. Et voilà ce ramassis de malfaiteurs, abrutis par les vices, les crimes et les prisons, orientés assez vite, l'amour aidant, vers une conception plus humaine de la vie, d'où il ne tarde pas à sortir un ordre rudimental, qui produira, au bout de quelques générations, le complet épanouissement de toutes les vertus sociales, y compris le dévouement sans bornes à la cause publique.... C'est comme la contre-partie du fameux "Contrat social,, de J. J. Rousseau ; mais ici la société, fondée sur l'harmonie entre les droits et les devoirs, n'est point le produit artificiel d'on ne sait quelle convention: elle s'établit, ou, mieux encore, elle se reforme spontanément, par la force même des choses.

Sans la moindre intention irrespectueuse, il me semble qu'il est permis de constater une certaine analogie entre cette histoire, imaginaire mais assez vraisemblable, et ce qui vient de se passer dans la grande association internationale, qu'il aurait été peut-être plus exact d'appeler, jusqu' à ces derniers temps, une dissociation.... Nous avons vu trois des grandes Puissances former une coalition, pour s'opposer aux entreprises criminelles de l'Allemagne et de l'Autriche et faire appel à l'envi, dans ce noble but, non seulement à toutes leurs forces et ressources, mais aux principes éternel du droit, de la morale et de la justice; or, en invoquant ces règles si respectables des actions humaines, de même qu'en flétrissant les méfaits de leurs ennemis, elles ont pris, sans nul doute, devant le monde, le solennel engagement de marcher dans le droit chemin et de ne rien entreprendre contre la foi des traités, ni contre l'esprit d'humanité ou l'autonomie des autres peuples constituant de vraies nationalités (1). Leurs bonnes intentions ne se sont-elles pas manifestées par la nécessité de défendre leur existence ? La correction de leur conduite ne semble-t-elle pas une conséquence inévitable des agissements tout contraires des Empires du Centre ?

Et, pour tout dire, n'est-ce pas à l'épouvantable conflit auquel nous assistons encore et au déchaînement de passions féroces et sauvages dont se sont rendues coupables l'Allemagne et l'Autriche, que l'Italie a dû d'avoir pu renouer les nobles traditions des premières luttes pour son indépendance et d'être enfin sortie de l'état de renoncement à ses droits les plus sacrés et d'effacement international dans lequel elle croupissait au milieu de son relèvement économique, dont l'exclusif souci paraissait avoir étouffé en elle tout élan patriotique et tout idéal supérieur ?

Cet état psychologique des nations qui luttent si vaillamment pour leur indépendance et leur honneur ; l'atmosphère, pour ainsi dire, de haute moralité où se développe l'action de la coalition émancipatrice et l'obligation même où elle s'est trouvée de proclamer, au profit de tous les peuples, la défense de la justice et de la civilisation ; tout cela devra avoir, inévitablement, une manifestation définitive et une sanction durable, lors du règlement de comptes auquel aboutira cette succession horrible d'abominables tueries (2).

Ce sera là une tâche offrant plus de difficultés que celle, déjà si ardue, de réduire à l'impuissance le militarisme ger-

---

(1) Ce ne serait pas le cas, par exemple, pour cette mosaïque d'éléments hétérogènes qu'est l'Empire d'Autriche-Hongrie.

(2) «...Il n'y a pas seulement une conscience nationale, il existe une conscience internationale et *humaine !* Le résultat de cette grande guerre sera de la dégager des instincts primitifs sur la planète tout entière. Cette guerre est la *guerre de la paix ;* elle répandra par tout le globe des semences d'équité dont nos enfants recueilleront la moisson ». (G. Hanotaux, *Histoire illustrée de la guerre de 1914,* tome deuxième, chap. XII, pag. 38. Gounouilhou, éditeurs, Paris).

manique, et elle sera surtout beaucoup plus longue, on peut le craindre. C'est pourquoi il y aurait grand avantage à s'occuper, dès à présent, de la future organisation de l'Europe, pour que les chancelleries ne soient pas prises au dépourvu, et dans le but aussi de préparer l'opinion publique à une saine appréciation des solutions qui pourront être proposées au Congrès de la Paix (1).

Verrons-nous sortir de cette guerre d'extermination les Etats Unis de l'Europe? M. le sénateur Hector Ponti, ex Syndic de Milan, un grand industriel, qui est en même temps un penseur et un homme d'étude, a eu le courage de présenter cette solution, dans un livre, passé presque inaperçu, à cause des graves événements survenus tout de suite après son apparition et qui méritait bien d'être connu (2). L'auteur de cet important ouvrage, convaincu que la vie des organismes sociaux se développe d'une manière analogue à celle des organismes biologiques individuels (3), examine les causes profondes de l'épouvantable conflit, à la lumière de la science biologique, de l'histoire et de l'économie politique, et tenant compte avec la plus sereine objectivité de toutes les questions que soulève un problème si complexe, il arrive à la conclusion que la Confédération européenne, cette conception qui passait jusqu'ici pour une utopie ha-

---

(1) Un publiciste jouissant d'une grande notoriété, M. Wikhlam Steed, vient de faire paraître dans l'*Edimburg Review* un important article, où il démontre la nécessité qu'ont les alliés de la Quadruple d'établir dès à présent le programme de la paix. Suivant M. Steed, la guerre actuelle avait surpris les alliés impréparés, ce qui prouve la pureté des intentions des hommes d'Etat de l'Entente, mais qui démontre aussi l'ingénuité de leurs diplomates...«C'est pourquoi dit-il, il est indispensable que l'opinion publique se prémunisse contre la possibilité que la paix trouve aussi impréparés que la guerre les peuples alliés ». (*Giornale d' Italia*, du 26 avril 1916. Correspondance de Londres).

(2) E t t o r e P o n t i, *La guerra dei popoli e la futura Confederazione europea, secondo un metodo analogico storico*. Milano, Ulrico Hoepli, 1915.

(3) *Id.*, I, p. 11.

šardée de la démocratie, serait le seul moyen efficace d'établir une paix durable (1).

Il ne se flatte pourtant pas de l'illusion que cette organisation nouvelle puisse être établie d'emblée: "On n'y pourra parvenir d'un bond, – observe-t-il justement, – mais seulement en passant par des phases successives et des *arrangements transitoires,* tels qu'une vaste coalition d'Etats pour la protection de la paix ou un système de conventions mutuelles, plus solide et plus complexe que l'actuel (2). Et, en effet, il ne s'agit de rien moins que de réaliser pour l'ensemble des nations ce que J. J. Rousseau rêvait pour chacune d'elles en particulier: " Trouver une forme qui défende et protège de toute la force commune la personne et les biens de chaque associé, et pour laquelle chacun, s'associant à tous, n'obéisse pourtant qu'à lui-même et reste aussi libre qu'auparavant (3) ".

Il va sans dire que, dans les groupements préliminaires ou transitoires prévus par M. Ponti, et fondés surtout sur les affinités naturelles et sur la communauté des intérêts, de même que dans la fédération générale à laquelle ces groupements devront aboutir, la psychologie des nations plus intimement rapprochées par un nouveau lien devra être scrupuleusement respectée, de même que leurs traditions et, en un mot, leur autonomie. Nous voulons bien former de grandes familles d'Etats, mais nous tenons à ce que, comme dans les familles véritables, chaque membre conserve sa physionomie et sa personnalité. L'union des peuples à laquelle on aspire ne doit rien avoir de commun avec une fusion détruisant, en même temps que les caractères natio-

---

(1) *Id., Conclusione,* p. 186-212, V. aussi cap. IV, pag. 105-146.

(2) *Id., Ibid.,* p. 189. Il faut remarquer que l'auteur préconise le système fédératif dans une quelconque de ces trois hypothèses: guerre sans résultat définitif; victoire de l' Allemagne et de l'Autriche; victoire de la Quadruple (pag. 196, 197).

(3) *Le Contrat Social,* Livre I, chap. VI, « Du pacte social ».

náux et les droits historiques, tout esprit d'émulation fé-
conde.

Ces réserves paraissent d'autant plus nécessaires, qu'en
ce qui concerne le " bloc latin „ on voit déjà poindre à
l'horizon les solutions les plus saugrenues, contre lesquelles il faut qu'on protoste sans retard, au nom du bon sens
le plus élémentaire (1).

Quoi qu'il en soit, il est permis de penser, qu'au moins
dans les premières années, l'état de choses qui suivra la
guerre laissera un peu à désirer aux yeux du philosophe:
il se peut même que la paix nous ménage plus d'une surprise désagreable; que l'éloignement définitif du danger
pressant d'où est sortie cette admirable concorde, que nous
voyons (et de laquelle on parle tant et même trop, comme
si l'on craignait de la voir s'évanouir) ait pour effet de
porter quelque atteinte à celle-ci et que nous devions assister à la formation de nouveaux groupements de Puissances,
suggérés, plus encore que par des aspirations idéales et
supérieures, par le souci exclusif des intérêts matériels....

---

(1) Une de ces solutions est celle que propose M. Bonfante, professeur de droit
romain à l'Université de Pavie, dans un article paru cet hiver dans la revue
Scientia et récemment résumé, et loué sans restrictions, dans le 1 fascicule
de la *Rivista delle Nazioni latine*, qui vient d'être fondée à Florence, sous la
direction de M.M. G. Ferrero et J. Luchaire.

Que veut donc M. Bonfante? Rien que ceci: Une « naturalisation générale »
(communis patria) entre la France, l'Italie et la Belgique, pour commencer et en
attendant d'englober aussi l'Espagne et le Portugal. Les trois États susdits
mettraient en commun leurs colonies, de même que l'armée et la marine.... Le
pouvoir exécutif suprème serait « reconnu » aux « souverains territoriaux, »
« c'est-à-dire au Roi d'Italie, au Roi des Belges et au Président de la République
française, qui *auraient, chacun à son tour, l'exercice de la présidence générale,
pendant une année.* »

Après cela, ne pourrait-on pas tirer l'échelle? Mais non; il y a quelque chose
de mieux; je cite textuellement: « Quant au siège de l'Etat, tant que l'union
serait limitée à la France et à l'Italie, il *pourrait être établi alternativement
dans les deux capitales.* Quant à la langue, cela n'offrirait pas de difficultés, attendu la grande ressemblance des deux idiomes, *qui faciliterait dans chacun des
pays la parfaite* (sic !) *connaissance de la langue parlée dans l'autre* ». (*Rivista
delle Nazioni Latine*, Anno I, N. 1 Maggio 1916).

C'est, franchement, à se demander de qui a voulu se moquer M. Bonfante....

Mais une chose est évidente : même, — et surtout, — en ad-
mettant la réalisation de cette prévision un peu pessimiste,
il sera d'autant plus important que deux nations soeurs et
voisines, comme la France et l'Italie, n'aient pas tardé à
asseoir sur des bases bien fermes leur entente cordiale et
intime pour l'avenir ; ce qu'on ne peut faire d'une manière
sérieuse, qu'en éliminant entre elles toute possibilité d'équi-
voque. Et, pour atteindre cet heureux résultat, il faut qu'on
ait le courage de voir franchement *tout* ce qu'il y avait de
positif sous les anciennes mésintelligences et au fond des regrettables rancunes qui, à certaines heures sombres, avaient
poussé les deux nations à se haïr un peu, plus qu'à s'aimer.
C'est une vérité qui s'impose et qu'il ne serait pas même
utile de dissimuler.... L'Italie et la France ont d'ailleurs tant
d'excellentes raisons de sentiment pour marcher de plein
accord et cela leur est en autre conseillé par des intérêts
d'une importance si vitale, que leur amitié, qui est d'ailleurs sortie triomphante des plus rudes épreuves, n'a absolument rien à craindre d'une franche appréciation des motifs
de leurs anciennes brouilles. Elle ne peut, au contraire,
qu'en être plus affermie.

Les choses dont l'évidence saute aux yeux sont quelquefois les plus malaisées à dire. Que la France et l'Italie
soient deux nations soeurs, nul n'en doute, et c'est presque
un lieu commun que de l'affirmer. Il existe entre elles, en
effet, une sorte d'affinité dont il ne faudrait pas rechercher
la cause dans l'identité de race, — élément ethnologique
trop incertain et inconstant et difficile d'ailleurs à démêler, à
travers les émigrations, les immigrations, les invasions, les
conquêtes, par où les peuples ont passé (1) ; — cette pa-

---

(1) « Dans la réalité de l'heure présente, les *races* n'existent plus, mais les
peuples. Et mieux encore que les peuples, ce sont les *nations* qui vivent actuellement et agissent sur la scène du monde ». N. Colajanni, *Latini e Anglo-
Sassoni*, Cap. V, p. 25. Roma-Napoli 1906.

renté est plutôt le résultat, traditionnel et psychologique à
la fois, de l'héritage latin, dont le patrimoine, qui fut pour
l'Europe entière quelque chose de plus qu'une cause occasionnelle de civilisation, a été dévolu en une bien plus large
mesure qu'aux autres à toutes les nations qu'on appelle justement "latines,, parce qu'elles ont reçu de Rome des dons
encore plus précieux que les éléments constitutifs de leurs
langues. Celles-ci, du reste, par leurs ressemblances, décè-
lent déjà une communauté de sentiments et une mentalité
homogène. C'est en effet le génie latin qui nous différencie
des Germains, des Slaves et des Anglo-Saxons et qui nous
rend plus compréhensibles et mieux assimilables la manière de concevoir et les moeurs des nations du Midi de
l'Europe, parlant les idiomes néo-latins.

Ce lien naturel fut encore affermi dans le cours des
siècles, entre la France et l'Italie, par des échanges intel-
lectuels et moraux de la plus haute valeur. C'est l'Italie qui
eut la gloire de transmettre à sa soeur, par ses poètes et
ses humanistes du XIVe siècle,— le Pétrarque et le Boccace
en première ligne — le flambeau de la civilisation ancienne ;
car elle l'avait précedée de plus d'un demi siècle dans la
Renaissance (1); la France le lui a bien rendu depuis, par ses
écrivains du XVIe siècle et du siècle dit de Louis XIV ;
plus tard, par les encyclopédistes, puis par tout son grand
mouvement philosophique, littéraire et artistique du XIXe
siècle. Tout cela a constitué aux deux nations un patrimoine spirituel commun, dont la valeur est encore relevée
par la constante communauté des aspirations démocratiques ; car on serait fondé à soutenir qu'aucune nation
n'a embrassé avec plus d'ardeur que l'Italie, héritière des
traditions des Communes libres, les idées répandues dans

---

(1) Paul Albert, *La littérature française des origines à la fin du XVI
siècle*, p. 112, Paris. Hachette, 1887.

le monde per la grande Révolution et formulées dans la proclamation des " Droits de l'homme „ ; et que, par conséquent, il existe sans doute plus d'affinités intellectuelles et morales entre la France et l'Italie, qu'entre la France et les autres nations.

Et cependant, malgré tant d'excellentes raisons pour être unies et marcher en pleine harmonie, il est souvent arrivé, pendant les générations dernières et même encore tout récemment, que les deux nations se sont, disons-le, presque détestées.... C'est là ce qu'on appelle, dans les protestations de fidèle amitié qu'on se prodigue depuis quelque temps, les " malentendus qui nous séparaient„ et auxquels, même sous cette forme euphémique si peu courageuse, on fait allusion bien timidement, comme si l'on craignait de se brûler les lèvres ou de voir d'un instant à l'autre renaître les anciennes animosités et prendre une nouvelle consistance.

Dire que c'est un symptôme peu rassurant, ce serait exagérer.... Mais il est certain que ce langage si cauteleux et circonspect témoigne d'une confiance limitée dans l'amitié qu'on célèbre, d'ailleurs, par des tirades assez dithyrambiques.

Eh bien ! Sans fausses pudeurs ni habiletés diplomatiques et rejetant bien loin de nous une gêne qui ne serait qu'un manque de franchise envers nos amis de France et envers nous-mêmes, je crois que nous autres Italiens devons voir sans crainte et sans d'hypocrites atténuations, les causes des mésintelligences passées, qui nous avaient jadis éloignés de nos frères d'au delà des Alpes. Cet examen ne pourra d'ailleurs que cimenter notre amitié, de même que notre fraternité d'armes actuelle, car il nous montrera certes, d'une manière évidente, que la responsabilité des mauvais sentiments, des mauvais procédés et des rancunes qui en dérivèrent, a toujours incombé, pour les quatre cinquièmes au moins, aux gouvernements et à la diplomatie, plutôt qu'à l'un ou à l'autre des deux peuples.

C'est justement cette consolante conviction que j'espère faire partager à mes lecteurs des deux côtés des Alpes. Et je crois n'y pouvoir parvenir qu'au moyen d'une complète franchise, c'est-à-dire en m'imposant comme règle constante de ne jamais dissimuler ni atténuer tant soit peu les ombres qui ont pu offusquer jadis le tableau des relations franco-italiennes. Car il doit être bien entendu que l'accolade sincère qui vient d'unir de nouveau les deux nations ne doit avoir rien de commun avec le fameux " baiser Lamourette, „ qui, il y a plus d'un siècle (1), parut un beau jour avoir scellé en France la réconciliation de tous les membres de l'Assemblèe Législative, sans distinction de partis, mais qui n'aboutit au contraire, peu de temps après, qu'à la période de la Terreur....

Expliquons-nous donc clairement, une bonne fois! A quoi pourrait d'ailleurs servir de vouloir dissimuler des torts anciens ou récents ou des épisodes regrettables? Tout ce qui peut tendre à diviser les esprits et à réveiller des haines et des antipathies entre nous et nos voisins, est continuellement rappelé, ressassé et exploité par les ennemis de l'amitié italo-française.... Ils sont encore assez nombreux, en Italie: les uns travaillent, avec plus ou moins de désintéressement et d'honnêteté, au profit des Empires du Centre ; mais il y en a aussi de ceux qui s'imaginent en toute bonne foi qu'il ne suivent que les impulsions du plus pur patriotisme, — puisqu'ils ne se doutent pas de la suggestion involontaire qu'exerce sur leurs esprits une germanophilie inconsciente.... Parmi ces derniers, qui n'ont pas moins droit à tout notre respect, nous avons le regret de trouver M. G. E. Curàtolo, bien connu pour ses recherches sur notre histoire contem-

---

(1) Le 7 juillet 1792.

P. Preda, *Pour l'amitié italo-française* 3

poraine et pour la riche collection de documents inédits et rares qu'il a recueillie sur les origines de notre émancipation nationale.

Presque à la veille de notre déclaration de guerre à l'Autriche, — en février 1915, — M. Curàtolo a fait paraître un volume in-8, de près de 300 pages, intitulé: *Francia e Italia, pagine di storia* (1849 - 1914) (1), qui n'est, du commencement à la fin, qu'un implacable réquisitoire contre la nation française.

Fallait-il ignorer cet acte d'accusation, pour essayer de l'ensevelir sous la conspiration du silence? Il semble que plusieurs ont pris ce parti, très commode, suggéré, plus encore que par leur prudence, par la paresse ou le manque de courage.... Mais je suis de ceux parmi les amis italiens de la France qui pensent que notre culte de la vérité aussi bien que nos sympathies, nous imposent le devoir d'examiner les griefs si complaisamment étalés par l'auteur de *France et Italie*, pour les peser mûrement et les réduire, si possible, à leur juste valeur, soit en expliquant loyalement les faits qui les avaient causés, soit en recherchant les vrais auteurs responsables de ceux-ci, soit en faisant tout au moins la juste part des circostances qui les avaient fait naître ou les avaient rendus possibles.

C'est ce que je me propose justement de faire, avec toute la brièveté que peut permettre le soin de la plus scrupuleuse exactitude. Et si quelqu'un me demandait pourquoi j'ai attendu plus d'une année à remplir ce que je

---

(1) Giacomo Emilio Curàtolo, *Francia e Italia, Pagine di Storia (1849-1914)*, Torino, Fratelli Bocca, Editori, 1915. L'auteur a aussi voulu donner une plus grande diffusion à son réquisitoire anti-français, en le résumant, sous le titre ironique *La nostra sorella latina*, dans une brochure à la converture tricolore, de la collection neutraliste *La guerra e l'Italia*, se vendant à 10 centimes le fascicule (Tipo-litografia G. Scotti, già Calzone-Villa, Roma). Il est vrai que cette série d'opuscules cessa de paraître dès notre déclaration de guerre; mais les 12 livraisons parues avant la débâcle des *Giolittiani* furent répandues à profusion.

considérais comme un devoir, je répondrais que c'est parce que j'espérais toujours être avantageusement devancé dans cette besogne. Mais puisque personne ne s'est présenté dans la lice, me voici! J'espère qu'on ne méconnaîtra pas au moins mes bonnes intentions....

Les chefs d'accusation que M. Curàtolo met à la charge de la France, peuvent être réduits aux suivants:

1ʳ L'expédition de Rome, en 1849.

2ᵉ Les calculs intéressés du cabinet des Tuileries, dans la conclusion de l'alliance franco-sarde, et la mauvaise foi et le manque de parole de Napoléon III, dans la campagne de 1859.

3ᵉ La dépendance, pour ne pas dire le vasselage, où l'Italie fut tenue par la France impériale, de 1860 à 1870, et les obstacles constants que l'Empire opposa à l'unification italienne et à l'acquisition de Rome: Aspromonte (1862), La Convention de Septembre (1864), Mentana (1867).

4ᵉ L'intervention diplomatique de l'empereur en 1866, pour empêcher l'Italie de continuer sa guerre contre l'Autriche et lui infliger une humiliation par le don de la Vénétie.

5ᵉ Les méfiances de la 3ᵐᵉ République contre l'Italie et son manque absolu de bienveillance.

6ᵉ Les insultes par lesquelles on aurait récompensé Garibaldi d'avoir été défendre la France malheureuse et envahie.

7ᵉ L'affaire de Tunis et les fortifications de Bizerte.

8ᵉ La guerre économique et les baisses désastreuses infligées à la rente italienne.

9ᵉ Les menaces et les injustes prétentions de la France, pour les incidents du "Carthage„ et du "Manouba„.

10ᵉ Le langage provocateur de la presse française et de quelques hommes d'Etat.

Avant d'entamer l'examen détaillé de ce " Décalogue „ anti-français, je tiens à faire une remarque générale; et c'est que les faits vraiment graves dont l'Italie a eu à se plaindre, ont été l'oeuvre de Napoléon III; à commencer par l'expédition de Rome, qui fut sans doute inspirée par lui, lorsqu'il n'était que Louis Bonaparte, ainsi que je vais le démontrer. C'est ce qu'il importe de ne pas oublier, car cela réduit sensiblement les responsabilités qu'on peut attribuer au peuple français et au régime républicain.

I.

L'expédition de Rome en 1849.

Le premier fait évoqué par M. Curàtolo et sur lequel il s'étend beaucoup (1), convaincu qu'il est qu'il s' agit là d'un vilain souvenir ayant pu creuser un abîme infranchissable entre les deux nations et devant empêcher à l'avenir toute sincère cordialité de rapports entre elles, est celui, — vraiment regrettable et digne d'être à jamais flétri, — de l'expédition française contre la Républiqne romaine, en 1849.

Au lendemain des revers de 1848, qui firent échouer notre résurrection politique, quand le drapeau de l'indépendance italienne ne flottait plus qu'à Venise, assiégée par les Autrichiens et dévastée par le choléra, et à Rome, que les patriotes italiens venaient de soustraire au joug papal, ce fut un hideux spectacle que de voir la France,

---

(1) Il a même enjolivé son volume de quelques belles gravures, reproduisant d'intéressants dessins de l'époque, tirés de sa riche collection et qui représentent S. Pietro in Montorio, Villa Corsini (où fut tué le 30 juin par une balle française Mameli, l'auteur du célèbre hymne) et le Vascello, — tous édifices plus ou moins endommagés par les bombes françaises.

la nation libérale entre toutes, joindre ses troupes à celles de l'Autriche et du roi de Naples, pour écraser la République romaine et rétablir le gouvernement théocratique et jouer même le rôle décisif dans cette violation du droit national.

Les petits-fils de Voltaire faisant une croisade, pour rétablir le pouvoir temporel du pape! La grande et puissante République française, qui va détruire la petite République romaine et renverser un des derniers remparts de l'indépendance italienne!

Tout cela n'est que trop vrai, et mieux vaudrait que cette page honteuse n'eût jamais été écrite! Mais serait-il juste de rendre responsable de cette iniquité la France entière?

Non, assurément!

Au moment où, au nom de la France, ce grand crime fut commis, la France n'était, au fond, pas beaucoup plus libre que l'Italie. La République française était déjà tombée au pouvoir de Louis Napoléon, le petit neveu du grand oncle, qui, exploitant l'auréole légendaire du nom qu'il portait, en même temps que son passé de conspirateur et de révolutionnaire et semant à pleines mains la corruption, avait réussi, l'année précédente, à se faire élire Président avec plus de 5 millions et demi de suffrages et se sentait soutenu dans ses entreprises liberticides par les partisans qu'il avait su se ménager dans tous les rangs de l'administration, ainsi que par une Assemblée Législative, dont la majorité était déjà acquise aux partis monarchistes.

Or ce parvenu de la politique, qui méditait et préparait déjà alors son coup d'Etat du 2 décembre 1851, avait deux intérêts bien évidents à écraser la République romaine: d'un côté, s'affirmer, le plus tôt possible, en face de l'Europe, par son influence sur la politique générale; de l'autre, donner un gage sûr aux partis réactionnaires, aux cléricaux surtout, dont il s'efforçait de capter la faveur, en se faisant passer pour le défenseur de la religion; — histoire d'avoir avec lui les campagnes, pour les opposer, cas échéant, aux velléités libérales des villes.

Et le rétablissement du pouvoir temporel lui assurait en effet, ces deux grands avantages: celui de contre-balancer, par son intervention militaire, l'influence de l'Autriche, en ne la laissant pas seule dans l'accomplissement de son oeuvre d'oppression et de réaction; et celui de s'assurer l'appui des sacristies.... Jamais donc l'ancienne maxime *cui prodest,* n'eut une plus légitime application. Le véritable auteur de l'expédition de Rome fut celui qui avait tout à y gagner; sans compter qu'en assassinant la République romaine, Louis Napoléon se préparait les moyens sûrs d'étrangler la seconde République, dont il était devenu le chef infidèle, en se ménageant des complices et en habituant l'armée aux plus vilaines besognes (1). Et c'est si vrai que, deux années après, le coup d'Etat fut défini: " l'expédition de Rome à l'intérieur. „

Or, si nous considérons les choses à ce point de vue, — le seul conforme à la vérité historique, — vaudra-t-il encore la peine de s'arrêter aux reproches, très justes, du reste, que M. Curàtolo adresse au général Oudinot, commandant en chef de l'expédition? Oui; après avoir été forcé, pas son échec du 27 avril, de se retirer à Civitavecchìa, ce général obtint une longue trêve, que les pourparlers de M. Lesseps firent prolonger à dessein, ce qui

---

(1) Ce qu'étaient les troupes qui mitraillèrent le peuple de Paris le 2 décembre 1851, Victor Hugo nous l'a dit en trois vers:

« Debout ! les régiments sont là dans les casernes,
Sac au dos, *abrutis de vin et de fureur,*
N'attendant qu'un bandit pour faire un empereur ».

« Les châtiments, *Nox* ».

permit de porter l'effectif du corps d'expédition de 16,000 à 40,000 hommes. Et il est aussi vrai que, pendant les 22 jours que dura le siège, Oudinot lança 3500 bombes sur Rome, faisant de nombreuses victimes dans la population civile et ne respectant ni les habitations ni les monuments (1); et ce qui est peut-être encore plus grave, c'est qu'il manqua de parole, au vu et au su de tout le monde, en reprenant les hostilités " 24 heures avant la date *qu'il avait lui-même fixée par écrit* (2). „

Eh bien! Quand on aura dit que le général Charles Nicolas Oudinot avait oublié qu'à Tillsitt le premier Duc de Reggio avait été présenté par Napoléon I au czar Alexandre, comme " le nouveau Bayard de l'armée française, „ on aura eu raison; mais on ne l'aurait plus, si l'on affichait la prétention de faire porter à toute une nation la responsabilité des fautes d'un individu.

En ce qui concerne l'origine de la malencontreuse expédition, il est bon d'ajouter que, bien que Louis Bonaparte disposât déjà alors, clandestinement, de la presque totalité d'un pouvoir qui ne devait lui être attribué formellement qu'au prix de la violation ouverte de son serment de fidélité à la Constitution républicaine, l'entreprise rencontra d'énergiques oppositions. Elle souleva de violentes batailles parlementaires au sein de la Constituante, pendant dix séances, et les débats se prolongèrent après la réunion de l'Assemblée Législative (28 mai 1849), où la Montagne formula contre le Président et ses ministres une demande de mise en accusation. Cette demande, présentée par l'ex-ministre Ledru-Rollin, — qui avait précédemment voulu porter l'agitation dans les départements et avait même failli être victime, à Moulins, lui et quel-

---

(1) En effet, une fresque de Guido Reni et des gobelins précieux furent endommagés par les boulets et les éclats d'obus.
(2) Curàtolo, *Id.*, cap. I, p. 1-20.

ques amis, d'un attentat ourdi par des gardes nationaux bonapartistes, — se terminait par ces paroles: " La Constitution est violée; nous la défendrons par tous les moyens, même par les armes „. Et, en effet, le 13 juin, Ledru-Rollin fit une tentative insurrectionnelle, avec un petit nombre de représentants, une centaine d'artilleurs et une poignèe d'ouvriers. Mais les troupes eurent facilement raison de ce petit mouvement: Ledru-Rollin resta caché pendant 23 jours, puis il gagna la Belgique et de là l'Angleterre.

Nous savons donc qu'il y eut en France une généreuse minorité, qui s'opposa tant qu'elle put à l'expédition et protesta ensuite énergiquement et courageusement contre le fait accompli. Quant à la clique bonapartiste et aux réactionnaires, qui aidèrent à commettre ou approuvèrent du moins cet attentat à la civilisation, de même qu'à l'indépendance d'un peuple ami, ne s'agissait-il pas encore d'une petite partie de la nation? Il n'en faut pas davantage, pour conclure qu'il ne serait pas juste d'attribuer à la France la responsabilité du crime de Rome.

II.

La guerre de 1859.

Le second chef d'accusation que M. Curàtolo formule contre la France, c'est la guerre de 1859. Cela va surprendre plus d'un lecteur, puisqu'une opinion aussi répandue que peu fondée a fait de cette guerre un incommensurable bienfait pour l'Italie.

" Il y a des choses, observe Montesquieu, que tout le monde dit, parce qu'elles ont été dites une fois (1). „

---

(1) *Considérations sur les causes de la grandeur et de la décadence des Romains.* Chap. IV.

Mais cette puissance des jugements tout faits, exprimés par des phrases stéréotypées, qu'on se transmet et l'on accepte sans examen, n'est pas faite pour nous arrêter. Et, au surplus, il doit être bien permis à l'histoire impartiale, 57 ans après que les événements sont arrivés, d'apprécier ceux-ci avec sérénité, sous leur véritable lumière, et de réclamer tous ses droits.

On ne peut certes pas s'inscrire en faux contre le jugement, sévère mais très juste, que M. Curàtolo porte sur cette guerre, c'est-à-dire sur les arrière-pensées qui l'avaient suggérée, sur le but intéressé, déloyal même, qu'avait en vue Napoléon III en franchissant les Alpes ; car, malgré les apparences et ses promesses ronflantes, il ne voulait qu'une chose : remplacer en Italie la domination directe et l'influence de l'Autriche, par son impérieuse protection, tout en se donnant l'air d'obéir exclusivement à l'impulsion de la plus noble et généreuse sympathie pour la cause italienne (1).

Pour ce qui est de la complète unification des régions italiennes, non seulement il est certain que Napoléon III ne la désirait point, mais il était naturel qu'il devait la craindre et s'efforcer de l'empêcher ; d'abord, pour s'assurer toujours plus la faveur des partisans français du pouvoir temporel, en écartant (comme il fit constamment jusqu'à la fin de son règne) toute possibilité que Rome fût délivrée ; ensuite, parce qu'il ne tenait pas du tout (de même que les principaux hommes politiques de son pays, tels que Guizot et Thiers) à voir se constituer tout près de la France une grande nation qui aurait pu porter ombrage à sa puissance.... Et il faut remarquer que même une partie de la démocratie française partageait cette préoccupation patriotique, un peu étroite et exclusive et n'ayant

---

(1) Curàtolo, *Id.*, *Ibid.*, p. 31-36.

P. Preda, *Pour l'amitié italo-française* - 4

rien de commun avec le sentiment élevé de la justice internationale; à témoin, Pierre Joseph Proudhon, — l'auteur du fameux axiome (c'en était un pour lui): " la propriété c'est le vol, „ — qui, malgré ses opinions carrément subversives, combattait l'unité italienne, comme une utopie absurde, et, chose étonnante, au nom même des principes d'ordre et de légalité, du respect qu'on doit à la religion, " une des forces de l'Etat, „ et, surtout, de l'intérét de la France (1).

Il ne fallait donc rien de moins que la légitime impatience d'une nation asservie depuis des siècles et décidée enfin à reconquérir son indépendance, pour avoir foi dans l'illusion que son émancipation totale pouvait lui venir du bon plaisir d'une nation puissante et si voisine... Mais les amères déceptions et les humiliations qui affligèrent l'Italie, en conséquence de cette erreur fondamentale, furent sa punition, pour avoir laissé imprimer une telle déviation à son mouvement national. Et, tout en ayant trouvé heureusement en elle-même assez de forces morales pour déjouer, au moins partiellement, les desseins de son protecteur intéressé, sa vie nationale n'en devait pas moins demeurer, pendant plusieurs générations et trop longtemps, hélas! chétive et comme étiolée!

Voilà la vérité. Et il serait difficile de ne pas être tout à fait de l'avis de M. Curàtolo, lorsqu'il affirme que, pour l'aide reçue de l'Empire français, on n'avait aucun droit de vouloir nous imposer une ineffaçable reconnais-

---

(1) Par exemple, dans une brochure intitulée *Garibaldi et l'unité italienne*, publiée tout de suite après Aspromonte, à Bruxelles, où ce singulier révolutionnaire s'était réfugié, pour échapper à une condamnation à 4 ans de prison et 4000 francs d'amende, que lui avait valu son ouvrage « De la justice dans la Révolution et dans l'Eglise ». Voici une des conclusions de cette brochure : « Il est évident que la constitution de l'Italie en puissance unitaire, avec une armée de 300,000 hommes (*sic*), amoindrirait l'Empire français de toutes les façons ». (V. *Aspromonte*, par N. Colajanni, professeur et député, Rome et Naples, 1912, p. 169-172).

sance, qui aurait dû nous faire accepter avec résignation et joie les humiliations et les avanies dont notre " bienfaiteur „ se plaisait à nous combler (1). Ce prétendu devoir l'a-t-on assez exploité contre nos intérêts nationaux ? Il suffit de dire que c'était l'éternelle rengaine à l'aide de laquelle des hommes d'Etat et des politiciens à la vue courte et dépourvus de courage, sont parvenus pendant si longtemps, chez nous, à entraver les nobles impatiences du parti de l'action !....

Quant à certains journalistes français, qui passaient leur temps à nous reprocher notre " ingratitude, „ dès que nous montrions la moindre vélléité d'indépendance ou que nous faisions mine de regimber aux *quos ego* de Paris, il est incontestable qu'ils ne faisaient pas seulement preuve d'un goût douteux, mais qu'ils témoignaient aussi d'une connaissance un peu superficielle des faits qui se passaient presque sous leurs yeux. Mais il faut toutefois remarquer, à l'avantage de la presse française, qu'il ne manquait pas dans ses rangs de très honorables exceptions (2).

Quoi qu'il en soit, le fait d'être ici à peu près tout à fait d'accord avec l'auteur de " Francia e Italia, „ n'engage en rien à le suivre, quand il prétend faire porter à la nation française tout entière la lourde responsabilité des déceptions cruelles et du nouvel assujettissement que nous avait imposés notre " libérateur „, de l'arrêt de notre émancipation et des véritables calamités nationales, qui dérivèrent pour l'Italie de l'alliance avec l'Empire français.

---

(1) Cur à t o l o, *Id., Ibid.*, p. 34-36.

(2) Parmi ces exceptions, citons un brillant et courageux article de M. Emile de Girardin, qui, dans « La Liberté » du mois d'octobre 1867, établissant le bilan comparatif de ce que le Piémont avait fait en Crimée pour la France, en 1855, et de ce qu'il avait reçu en 1859, défendait l'Italie du reproche d'ingratitude.

Non; de même que l'expédition de Rome, en 1849, n'avait pas été l'oeuvre de la France, mais plutôt, je crois l'avoir démontré, le crime presque exclusif d'un prince parjure qui, en étouffant la liberté chez un peuple voisin, visait à jouer, coûte que coûte, un rôle dans la politique internationale et à se faire agréer par les partis réactionnaires (tout en se faisant la main, pour l'attentat qu'il préparait déjà contre la Constitution républicaine de son pays) — et que, par conséquent, il ne serait pas juste d'en garder rancune à la France, — de même, dis-je, la guerre de 1859 n'a été, elle aussi, que l'effet d'un plan machiavélique de la diplomatie impériale.

Sans doute, bien que le rôle des soldats consiste surtout à marcher où les chefs leur ordonnent de diriger leurs coups, sans nul souci de la bonté de la cause qu'ils attaquent ou défendent (et l'armée du général Oudinot nous l'avait bien fait voir, en 1849, à Rome...), nous n'oublierons jamais, de ce côté-ci des Alpes, ceux des combattants de 1859, qui se montraient si fiers et heureux de lutter, cette fois-là, pour la cause des opprimés, dont ils avaient contribué, dix ans auparavant, à river les chaînes; sans doute encore, nous devons savoir gré à ces nobles esprits qui, en France, exprimaient alors tant d'enthousiasme pour la cause italienne et pour cette campagne qui s'annonçait comme une oeuvre de délivrance désintéressée. Ces sympathies nous ont été bien précieuses; le souvenir ne s'en est jamais effacé, elles ont été largement payées de retour, et c'est grâce à elles surtout, qu'on a pu dire avec raison que les relations entre les deux peuples n'ont jamais perdu entièrement leur cordialité, même dans les plus mauvais moments (1).

---

(1) « Je dirais presque que les raisons historiques de notre fraternité se sont montrées dans le passé, même à travers les erreurs qui nous ont séparés une heure ». (Polybe, dans *Le Figaro*, du 14 février 1910).

Aprés cela, il faut aussi reconnaître que l'aide que nous avons reçue du gouvernement français et la dèlivrance du Milanais, qui en fut la suite, ont été comme le point de départ pour la conquête de notre indépendance; mais il est également hors de doute aussi que les conséquences de Magenta et Solferino, — si heureuse, à la fin, pour l'Italie, — dépassèrent de beaucoup les véritables intentions et les prévisions de Napoléon III, qui fut débordé par les événements.

Pourquoi avait-il voulu cette guerre? D'abord, pour affermir son trône au moyen de la gloire militaire et pour continuer, toujours surtout dans un intérêt dynastique, de déchirer les traités de 1815, ainsi qu'il avait commencé à le faire en Crimée et au Congrès de Paris; puis, — et cela rentrait dans le même ordre d'idée, — pour rectifier les frontières, c'est-à-dire pour agrandir la France.

Il convint donc avec Cavour qu'en récompense du secours qu'il promettait à la cause italienne, il recevrait, " à guerre achevée, „ la Savoie et Nice (trois nouveaux départements), plus 60 millions de francs, pour les frais de la guerre; et, pour sceller ce pacte, qui demeura secret, en France comme en Italie, pour le commun des mortels, il obtint aussi qu'une princesse de Savoie deviendrait l'épouse de Jérôme Bonaparte, voulant ainsi, par l'alliance entre sa famille et l'une des plus anciennes maisons de l'Europe, rehausser l'éclat de sa couronne impériale, de récente origine.... (1).

A quoi s'engageait-il, à son tour? Dans ses proclamations, l'empereur invitait les Italiens " à devenir tous soldats, pour être le lendemain des citoyens d'un libre Etat.... C'était beaucoup, et, sans doute, il ne se rendait

---

(1) Curàtolo, *Francia e Italia*, cap. II, pag. 36. Mazzini dévoila tout ce plan, dès le début de la campagne, mais on ne le crut pas.

pas assez compte de toute la portée de ses exhortations, — bien que la formule " l'Italie libre des Alpes jusqu'à l'Adriatique " ne pût au fond impliquer tout au plus que la délivrance de la Vallée du Pô, c'est-à-dire, l'agrandissement du Piémont.

Mais il ne s'attendait certes pas à être pris si bien et si largement au mot, pour avoir fait luire aux yeux d'un peuple opprimé cette grande image de l'Italie libre.... De là sa déconvenue, qui fut profonde. C'est qu'il ne se doutait point de l'essor qu'avaient donné au patriotisme unitaire l'apostolat de Mazzini et les conspirations incessantes du " parti de l'action „. Il était quelque peu en retard là-dessus.

Il se souvenaient évidemment trop de 1831, quand, à Civita Castellana, il combattait, à côté de son frère, dans les rangs des révolutionnaires italiens, contre la papauté, qu'il devait plus tard soutenir.... Il croyait donc que les idées fédéralistes avaient encore beaucoup de partisans en Italie. Et c'est ce qui lui valut une amère déception, l'écroulement du rêve qu'il avait fait, d'une confédération italienne, ayant pour Président nominal le pape, mais qui ne serait que l'humble vassale de l'Empire français, avec, à Florence et à Naples, des princes de sa famille.

C'était justement pour atteindre cet autre but caché de sa magnanimité apparente et commencer la réalisation de son plan machiavélique, qu'il avait, dès le début de la campagne, envoyé faire des évolutions en Toscane un corps d'armée aux ordres du prince Jérôme, qu'il destinait au trône de l'Etrurie. Mais les " pantalons rouges „ ne furent accueillis qu'au cri par trop significatif de *vive l'Italie* (1)! Et les émissaires français durent nécessairement renseigner le cabinet des Tuileries sur le mouve-

---

(1) Curàtolo, *Id., Ibid.*, p. 36.

ment irrésistible qui préparait dans l'Italie centrale les annexions au royaume de Sardaigne, lesquelles ne se firent pas attendre.

Faut-il attribuer à l'écroulement des espérances dont il est question ci-dessus, la surprise de Villafranca, juste au lendemain des grandes victoires de S. Martino et Solferino ? Cela nous dispenserait d'aller à la recherche des " pressions diplomatiques internationales, „ qu'on a voulu faire entrer pour quelques chose dans ce manque de parole de Napoléon III. Le fait est que ce puissant monarque ne donna pas même le peu qu'il entendait avoir promis par ses phrases ronflantes, — ce qui ne l'empêcha pourtant pas d'exiger tout ce qui représentait le prix de sa coopération....

Les préliminaires de paix conclus entre les deux empereurs, " sans que le roi Victor Emmanuel II fût consulté, „ humiliait encore celui-ci par la cession de la Lombardie (" à l'exception des forteresses de Mantoue et de Peschiera „) à l'empereur des Français, qui devait " remettre au roi de Sardaigne les territoires cédés. „ — La Vénétie, tout en restant à l'Autriche, ferait partie de la Confédération italienne, qui serait " sous la présidence honoraire du Saint Père „; le grand duc de Toscane et le duc de Modène (qui s'étaient sauvés) seraient " rétablis dans leurs Etats „ (2).

Victor Emmanuei, forcé de mettre sa signature à ces conditions, la fit précéder de cette déclaration; " J'accepte, *en ce qui me regarde....* „ On peut, du reste, se faire une idée de l'indignation des patriotes italiens, par cet épisode que rapporte M. Curàtolo, d'après une lettre de Louis Kossuth à Mordini, du 7 septembre 1859. Dès la première nouvelle de l'armistice de Villafranca, Cavour avait

---

(1) Curàtolo, p. 36 et 36.

donné sa démission de ministre. L'empereur avait envoyé le sénateur Pietri auprès de lui, à Turin, pour tâcher de le faire revenir sur sa décision. Cavour, en proie à une vive agitation, s'écria: " On peut transiger sur la politique, et, dans le cas d'une nécessité impérieuse, même sur les principes; on ne transige jamais avec l'honneur! *Votre Empereur m'a déshonoré*, car il a manqué à ses engagements, dont je me suis porté garant devant mon Roi. Mais dites à votre Empereur, *dont l'alliance précaire nous coûte si énormément cher, dites-lui que je ne me plierai pas à ses caprices*. Cette paix ne sera pas longue.... *Nous saurons nous passer de la France* „ (1).

Le Piémont avait donc conclu un marché de dupe: l'intervention du peuple le sauva et sauva avec lui la cause italienne. Et c'est ainsi que, d'abord, le traité conclu le 10 novembre 1859, à Zurich, entre l'Autriche, la France et la Sardaigne, ne put être exécuté. C'est que l'impulsion avait été donnée au mouvement patriotique italien, bien au-delà de toutes les prévisions de la diplomatie impériale, et, après les annexions de l'Italie centrale, l'entreprise héroïque de Garibaldi, qui montra tout ce que pouvait produire l'initiative populaire, amena, en 1860, l'union du royaume des Deux Siciles au Piémont, déjà agrandi, et rendit inévitable la proclamation du Royaume d'Italie, faite par les deux Chambres le 17 mars 1861, sous l'inspiration de Cavour.

Parlera-t-on encore, après tout cela, de la reconnaissance que l'Italie devait à l'Empire français et de l'ingratitude dont le peuple italien se serait rendu coupable ? En vérité, les prétendus " bienfaits „ de Napoléon III, quelque importance qu'on doive d'ailleurs attribuer à son intervention contre l'Autriche, donneraient envie de lui ap-

---

(1) Curàtolo, *Id.*, *Ibid.*

pliquer l'épigramme, sous forme d'épitaphe, qui parut au XVIe siècle, à l'occasion de la mort de je ne sais plus quel prince de l'Eglise:

> "Ci-gît un cardinal
> Qui fit le mal fort bien,
> Mais fit le bien très mal (1). „

Nous n'avons pas même à examiner ici la question, parfaitement oiseuse, de savoir si les heureux événements postérieurs à la guerre franco-italienne de 1859, auraient pu se produire, sans cette guerre, qui avait diminué la puissance de l'Autriche et amené la libération du Milanais. A quoi bon tabler sur des suppositions, quand nous avons des faits? Or les faits démontrent que les conséquences, bien inattendues à Paris, de Magenta et Solferino et dues exclusivement au patriotisme du peuple italien, furent un échec de la politique française d'alors. Mais, malheureusement pour l'Italie, Napoléon III, pendant onze années encore, à savoir jusqu'à sa chute, devait, ainsi que nous allons voir, en prendre largement sa revanche, grâce surtout à la faiblesse de la plupart des successeurs de Cavour.

III.

La revanche de Napoléon III sur l'Italie.

Celui qui devait passer à la postérité sous le nom définitif de l'«homme de Sedan», avait donc vu presque tous ses desseins touchant l'Italie déjoués cruellement par la force irrésistible du sentiment national; mais il se consola

---

(1)   « Qui giace un cardinale
                              Che il mal lo fece bene
                              E il ben lo fece male. „

de son désappointement, en opposant, pendant une période de dix ans, tous les obstacles possibles à l'unification définitive de notre nation, en l'empêchant surtout d'occuper sa capitale naturelle et en maintenant le jeune royaume, formé malgré lui, dans un état de si étroite dépendance, qu'on a pu dire avec raison que Turin, d'abord, et, plus tard, Florence, n'étaient que des chefs-lieux d'une sorte de préfecture française.

N'était-ce pas comme une " revanche „ de sa part?

L'expédition de Garibaldi en Sicile, en 1860, fut encore une grave déception pour l'empereur, qui voyait derechef tous ses plans bouleversés. Après la prise de Palerme et la brillante victoire de Milazzo, le ministre français Thouvenel ordonna à M. de Persigny, ambassadeur à Londres, de pousser l'Angleterre à empêcher par ses forces navales que la petite armée garibaldienne pût franchir le détroit de Messine. L'Angleterre refusa poliment, non par sympathie pour la cause italienne, à laquelle, malgré les discours éloquents et touchants de M. Gladstone, elle avait été contraire jusqu'en 1859; mais uniquement parce qu'elle sentait la nécessité de mettre indirectement des bornes à la prépondérance excessive de l'Empire français, laquelle excitait sa jalousie (1).

Il ne fut donc pas possible à l'homme des Tuileries d'arrêter Garibaldi, qui, poursuivant sa marche triomphale, franchit le détroit, remonta la péninsule, en bousculant tout ce qu'on lui opposait, entra à Naples, pendant que le roi François II se réfugiait à Gaëte, et fut encore une fois pleinement victorieux sur le Volturne, à la bataille de Santa Maria di Capua.

Mais une nouvelle intervention de Napoléon III ne se fit pas attendre. Garibaldi songeait à envahir les Etats

---

(1) Curàtolo, *Id.*, p, 45, cap. III.

de l'Eglise. Pour rendre impossible cette expédition, l'empereur conclut avec Victor Emmanuel une convention, autorisant le roi de Sardaigne à occuper les Marches et l'Ombrie, — ce qui permit au général Cialdini de battre l'armée papale de Lamoricière à Castelfidardo, le 18 septembre 1860. C'était faire la partie du feu. Le roi empêcha Garibaldi de franchir la frontière napolitaine (1).

Et c'est ainsi que, toujours sous la férule du puissant allié, le jeune royaume s'arrondissait petit à petit, par la volonté du peuple, mais à travers d'incessantes humiliations et en payant des avantages matériels par des sacrifices bien pénibles de la dignité nationale.

Les tracasseries du "protecteur„ ne cessèrent pas pour cela. L'armée napolitaine, ou ce qui en restait encore, se défendait toujours à Gaëte. Jusqu'au mois de février de cette même année, la flotte française maintint le blocus du golfe, protégeant encore dans son refuge le roi détrôné et prolongeant le siège, que les troupes régulières italiennes avaient mis à la forteresse. Et ce n'est pas tout. Après la reddition de Gaëte, Rome, qui avait, depuis 1850, une garnison française, devint le refuge de tous les princes dépossédés et, sous les plis du drapeau français, le quartier général des brigands bourboniens et papalins, que nos soldats ne pouvaient poursuivre au-delà des frontières des Etats de l'Eglise, ce qui fit traîner plus de deux ans la campagne contre le brigandage (2).

Aspromonte. — Le 29 août 1862, Garibaldi, qui marchait enfin sur Rome avec ses volontaires, venant de la Si-

---

(1) Dans une lettre du 20 septembre 1860, adressée par Victor Emmanuel au général Fanti, on lit ces paroles: " Rappelez-vous, général, que Garibaldi ne doit pas franchir la frontière du royaume de Naples: *j'en ai donné ma parole à l'Empereur „* C u r à t o l o, *Garibaldi, Vittorio Emanuele e Cavour nei fasti della patria,* „ p. 175).

(2) Encore au mois de juillet 1863, le gouvernement italien fut forcé de livrer

cile, fut rejoint en Calabre, à Aspromonte, par les troupes italiennes aux ordres de Cialdini, blessé grièvement " sans combattre „ et transporté prisonnier au Varignano (Spezia). La balle qui avait atteint le donateur d'un royaume avait été fondue aux Tuileries! M. Curàtolo a parfaitement raison de l'affirmer, après tant d'autres. Nous n'en voulons pour preuve que les chaleureuses félicitations, adressées en cette occasion par l'empereur à M. Nigra, ambassadeur italien à Paris: " Je suis bien aise, dit Napoléon III au représentant du roi d'Italie, que la fâcheuse tentative de Garibaldi soit heureusement terminée et ne puis qu'admirer l'énergie et le courage déployés par votre gouvernement en cette circonstance. Je désire que votre gouvernement sache que je l'en félicite de tout coeur et que je sais apprécier sa conduite comme elle mérite. Les bons effets de son attitude ne tarderont pas à se faire sentir, puisque l'Europe a maintenant la preuve que le gouvernement de Victor Emmanuel se sépare de la révolution. On a beaucoup fait, *mais il reste davantage á faire* „.

La Convention de Septembre. — Qu'attendait-il encore, l'empereur, de ce gouvernement si docile? Rien autre chose, que la renonciation explicite et définitive à toute velléité d'occuper Rome! C'est ce que Napoléon III imposa à l'Italie, par la convention signée à S.ᵗ Cloud le 15 septembre 1864, et aux termes de laquelle, non seulement le gouvernement italien s'engageait à respecter le territoire resté au pape, après les annexions de 1861, mais il s'obligeait encore à empêcher toute entreprise

---

au consul français de Gênes cinq des plus féroces bandits, dont les deux frères La Gala, qu'on avait arrêtés à Civitavecchia, à bord de " l'Aunis „, des Messageries maritimes (Curàtolo, *Id.*, p. 48). Les La Gala étaient les mêmes qui avaient *joué aux boules,* avec les têtes de quelques ennemis personnels qu'ils avaient assassinés....

contre le " Patrimoine de S.ᵗ Pierre „ (c'est à dire, à
faire le gendarme lui-même, pour défendre que son bien
lui fût rendu!), et il consentait en outre à la formation
a Rome d'une armée papale, " recrutée même à l'étran-
ger „, sous la seule réserve qu'elle ne pourrait jamais
devenir un danger pour le royaume. Ce n'était pas
tout: l'Italie se chargeait aussi de la partie de la dette
des anciens Etats de l'Eglise afférente aux territoires
annexés ; ce qui signifiait qu'elle consentait à faire
elle-même les frais de l'armée qui devait lui disputer
à tout jamais la possession de sa capitale, — à laquelle
il est clair qu'elle renonçait définitivement, puisqu'elle
s'obligeait de plus à transporter le siège du gouvernement de Turin à Florence. Qu'obtenait-elle, en échange?
La déclaration que la France retirerait de Rome son corps
d'occupation, au fur et à mesure que l'armée papale se
serait organisée et " dans un délai maximum de deux
ans „. On verra que cette condition ne fut pas même
observée par le gouvernement français; et ce n'était là
d'ailleurs qu'une concession apparente, puisqu'on sait
qu' une bonne partie des soldats français qui étaient
censés de retour en France, ne faisaient que changer
d'uniforme, se rengageant parmi les défenseurs de la
théocratie, sans cesser d'appartenir à l'armée française....(1)

Ainsi, pour obéir à son puissant " protecteur „, le
gouvernement italien renonçait à Rome, la capitale naturelle de la Péninsule, la seule ville devant laquelle le
régionalisme et les rivalités municipales pouvaient et devaient désarmer, la seule même qui pût traduire en fait

---

(1) Curàtolo, *Francia e Italia*, Cap. IV, p. 55. Après le combat de Monterotondo, où les garibaldiens, en 1867, mirent en déroute l'armée papale, on
trouva sur des zouaves pontificaux, morts ou blessés, des « livrets d'hommes de
troupe, » qui prouvaient que ces soldats du pape faisaient toujours partie de
l'armée française.

l'aspiration à l'unité politique! Quelle humiliation et quelle cause permanente de faiblesse!

On put immédiatement juger de la gravité de cet acte, peu spontané, de renonciation, par la rébellion soudaine que la simple nouvelle de cette énormité fit éclater au milieu de la population de Turin, la plus disciplinée peut-être de toutes celles des grandes villes italiennes, — rébellion qui dura deux jours (21 et 22 septembre) et dont l'autorité ne vint à bout qu'au moyen d'une sanglante répression (1).

La guerre italienne de 1866. — Napoléon III, le vrai maître de l'Italie officielle, devenue une sorte de préfecture de l'Empire français, avait permis au gouvernement de Florence de conclure avec la Prusse une alliance contre l'Autriche; mais il traitait secrètement avec celle-ci, pour être en mesure de toujours dominer les événements et pouvoir intervenir au moment opportun, en mettant des entraves au développement de la puissance militaire de l'Etat vassal. Aussi, dès le commencement de juin, avait-il envoyé à Vienne le duc de Grammont, avec mission de demander à François Joseph, — comme prix de la neutralité de la France, — la cession de la Vénétie, " quelle que fût l'issue de la campagne „: la mission du diplomate français paraît avoir eu un plein succès, et, en effet, quelques jours après cette entente, Napoléon III pouvait dire négligemment à l'ambassadeur italien Nigra: " Pendant cette campagne, il pourrait arriver qu'il fût utile que l'Italie ne fît pas la guerre avec trop de vigueur....(2). „

" Ces paroles de l'Empereur, écrivit Nigra à son gouvernement, *m'ouvrirent un vaste horizon....* „ Il faut aussi

---

(1) Curàtolo, *Id., Ibid*, p. 49.
(2) Curàtolo, *Id., Ibid.,* p. 50.

dire que cette phrase impériale pourrait éclairer d'une vive lumière l'histoire de cette guerre, conduite d'une manière si déplorable....

Quoi qu'il en soit, après l'inconcevable échec de Custozza, notre armée resta dix jours inactive. Et pourtant notre " défaite „ n'était pas irréparable, bien s'en faut. Sous la pression de l'opinion publique, on allait même reprendre l'offensive, quand tout à coup se produisit la surprise ménagée par le cabinet des Tuileries, sous forme d'un télégramme adressé le 5 juillet par Napoléon III au roi d'Italie et ainsi conçu: " L'Empereur d'Autriche, entrant dans les idées émises dans ma lettre à M. Drouyn de Lhuys, me cède la Vénétie et se déclare prêt à accepter ma médiation, pour amener la paix entre les belligérants. „

On assure que Victor Emmanuel fut indigné de cette ingérence; mais le moyen de regimber? Le ministre Lamarmora voulut au moins protester; il télégraphia le même jour à M. Nigra, en ces termes: " .... je comprends que l'Empereur cherche à arrêter la Prusse, mais il est extrêmement douloureux qu'il le fasse au détriment de l'honneur de l'Italie. Recevoir la Vénétie comme un cadeau de la France est humiliant pour nous, et tout le monde, en outre, croira que nous avons trahi la Prusse.... (1). „

Mais Napoléon III fut inflexible. Bien plus, le jour suivant, il fit signifier à Victor Emmanuel, que s'il n'acceptait pas l'armistice proposé, le Corps législatif aurait été convoqué, en vue de préparatifs militaires, pour rendre la Vénétie à l'Autriche! (2).

Encore une fois, n'était-il pas le maître? Et qui aurait osé l'empêcher de jouer le rôle d'arbitre de la situation?

---

(1) Curàtolo, *Id, Ibid.*
(2) *Id.* pages 50 et 51.

C'est ainsi que le gouvernement italien dut subir une nouvelle humiliation, recevant la Vénétie, comme il avait reçu en 1859 le Milanais, des mains de Napoléon III et par son bon plaisir, et l'Italie tomba toujours plus bas, sous la dépendance de son singulier " ami, „ — juste au moment où ses forces de terre et de mer, quoi qu'on ait bien voulu dire, lui permettaient encore de prendre une éclatante revanche, et quand Garibaldi était déjà presque à Trente; et cette Vénétie, octroyée comme une aumône, ne comprenait pas ses frontières naturelles des Alpes orientales, c'est-à-dire qu'elle restait toujours exposée à une invasion de l'Autriche, qui demeurait aussi maîtresse de l'Adriatique.... Mais Napoléon III continuait de cette façon à s'imposer comme un *Deus ex machina* de la diplomatie européenne, maintenant l'Italie en un véritable vasselage, mettant des bornes à la puissance de la Prusse et sauvant l'Autriche d'une critique situation.

Mentana. -- Cette même année (1866), le 6 décembre, le pape Pie IX, recevant en visite de congé le général de Montebello, qui lui apportait les hommages des dernières troupes françaises, quittant Rome après 18 ans de garnison, prononça d'amères paroles, reprochant à l'empereur de le laisser à la merci de la révolution italienne : " Il ne faut pas se faire des illusions; la révolution viendra ici! Elle l'a proclamé!... Vous direz à l'empereur que je prie pour lui; mais lui, qui porte le titre de *Roi très chrétien,* devrait aussi faire quelque chose pour moi. Il ne suffit pas de porter des titres: il faut les justifier par les faits „ (1).

Cet appel à une nouvelle intervention de la France en faveur du pouvoir temporel fut entendu; et moins

____

(1) Curàtolo, *Id.,* cap. IV, p. 56.

d'une année après, dès qu'on apprit que le " parti de l'action „ organisait une expédition contre Rome, les divisions françaises Dumont et Bataille, commandées par le trop fameux de Failly, débarquaient à Civitavecchia, — le 29 octobre 1867, — et entraient à Rome deux jours après. Avait-on si peu de confiance dans la solidité de l'armée papale et dans la fidélité du peuple romain ? Et que devenait donc la Convention de septembre ?

On sait le reste. Garibaldi, avec ses volontaires, attaqua les mercenaires du pape, à Monterotondo, et les battit à plate couture; mais de Failly lança contre lui, le 3 novembre, ses troupes fraîches, qui, grâce à la supériorité du nombre et à celle des chassepots aussi, — qu'on essayait pour la première fois, — changèrent la victoire des garibaldiens en un désastre; et cela sans grand mérite, de la part des vainqueurs, même et surtout au point de vue exclusivement militaire. N'est-ce pas Corneille qui l'a dit ?

" A vaincre sans péril, on triomphe sans gloire „.

Cela n'empêcha pourtant pas le général de Failly, — le même qui devait faire si piteuse figure, trois années plus tard, pendant la campagne de 1870 (1), — de télégraphier à Paris: " Les chassepots *ont fait merveilles* „; phrase de " *miles gloriosus* „, qui, par son cynisme, fait bien la paire avec celle de " l'ordre règne à Varsovie „, par laquelle le ministre Sebastiani aurait, en 1831, annoncé, dit-on, à la Chambre française les horribles massacres de Pologne....

Après la défaite de Mentana, Garibaldi adressa à

______

(1) Commandant du 5me corps d'armée, il ne fut pas capable de secourir le maréchal de Mac Mahon, à Wissembourg (le 6 août); *en revanche...* il se laissa surprendre par le général von Thann, le 30 du même mois, et causa ainsi des désastres irréparables.

Edgard Quinet une lettre, qui mérite d'être méditée: "Mentana, écrivait le glorieux vaincu, a été pour moi un nouvel Aspromonte. Je n'y ai pas été blessé au talon, mais au coeur, parce que j'y ai perdu beaucoup de mes braves frères d'armes. Je le confesse: je ne comptais pas avoir à combattre une seconde fois l'armée française, et cette erreur m'a coûté une défaite....

"Les soldats du pape, que nous avions déjà battus, étaient en fuite, mais nos munitions étaient épuisées et une nouvelle ligne française remplaçant celle des mercenaires, la constance de mes pauvres volontaires en fut ébranlée, et nous nous sommes retirés sur Monterotondo. Le génie du mal, qui pose un pied de fer sur Paris et l'autre sur Rome, aura souri de notre défaite....

"Que nos amis de France et du monde soient tranquilles! Nous recommencerons la besogne.

J. Garibaldi „ — (1).

C'était la voix de la Révolution italienne. Ecoutons maintenant celle de la France impériale, dont le portevoix, Rouher, dans la séance du 5 décembre 1867 du Corps législatif, crut trancher la question romaine en ces termes:

"Il y a un dilemme: le Pape *a besoin* de Rome pour son indépendance, — l'Italie aspire à Rome, qu'elle considère comme une nécessité impérieuse de son unité.

"Eh bien! nous le déclarons au nom du gouvernement francais: *jamais* l'Italie ne s'emparera de Rome!

"Jamais la France ne tolérera cette violence faite à son honneur et à sa catholicité. Elle demande l'application énergique de la Convention de septembre, et si celle-ci n'est pas appliquée efficacement à l'avenir, c'est la France même qui pensera à son exécution.... Jamais,

---

(1) C u r à t o l o, *Id.*, p. 61.

jamais nous ne permettrons à l'Italie de penser qu'elle puisse s'emparer de Rome ! „

Il n'aurait pas été difficile de se douter en France, de l'effet que devaient produire chez nous de pareils défis à notre droit national. Mais un prochain avenir devait heureusement se charger d'apprendre à M. Rouher et à la majorité des députés qui applaudissait si frénétiquement ses hautaines litanies de " jamais, „ qu'en politique, surtout quand il s'agit des affaires d'autrui, il ne faut *jamais* jurer de rien et que le rôle de prophète est assez difficile à porter....

L'isolement de la France en 1870. — Ce crime de Mentana, le second dont Louis Bonaparte se souillait au détriment de l'indépendance italienne (même si l'on ne veut pas tenir compte de la tragédie d'Aspromonte, de laquelle il ne fut que l'inspirateur....), devait avoir des conséquences bien imprévues de celui qui l'avait commis. La plus importante, fut celle de condamner la France à un isolement, bien funeste pour elle, quand, trois ans après, éclata la guerre franco-allemande.

Les écrivains qui se piquent de philosophie de l'Histoire, — il y en a beaucoup, même dans notre presse quotidienne, et ce ne sont pas toujours les moins lourds.... — font volontiers des allusions à Némésis, déesse de la Vengeance, qui intervient, tôt ou tard, dans le cours de la vie des nations, pour punir les fautes des puissants... Cette divinité n'est pas une invention de tous points arbitraire : c'est la personnification de la logique inexorable qui fait dériver des faits ou des méfaits dont on est responsable d'autres événements, qu'il faut nécessairement subir, qu'on le veuille ou non. Et, en effet, le mythe grec faisait de Némésis, si je ne me trompe, la fille de Jupiter et de la *Nécessité*....

Ainsi, l'homme du Deux Décembre s'était fait, encore une fois, le paladin du pouvoir temporel. Mal lui en prit. Non seulement il se fit haïr en Italie, en raison directe de la gravité du dernier outrage qu'il avait fait à nos plus chères aspirations et à notre intérêt national, de façon que toute idée d'une alliance avec la France devînt impopulaire (1); mais l'obstination qu'il mit à jouer son rôle contribua puissamment aux désastres où il perdit sa couronne et à travers lesquels toutefois la France (ce fut une compensation à tant de calamités) retrouva son régime démocratique définitif, se débarrassant enfin d'une dynastie qui lui avait coûté trop cher et rendant impossible à l'avenir le retour de ces " sauveurs „ providentiels, toujours prêts à pêcher en eau trouble, qu'on appelle les prétendants.

M. Curàtolo nous explique comment et pourquoi la France se trouva isolée en 1870, et son récit mérite d'être résumé ici, car il est très instructif (2).

Au mois de juillet 1870, après la candidature du prince de Hohenzollern au trône d'Espagne et pendant le conflit diplomatique qui s'ensuivit, l'idée d'une alliance entre la France, l'Italie et l'Autriche, — qui avait déjà été émise, en 1867, dans l'entrevue de Napoléon III et François Joseph, à Salzbourg, — revint sur le tapis et il semblait qu'elle devait se réaliser. En effet, Napoléon III proposa à Florence et à Vienne la signature d'un traité en trois articles, établissant l'action armée des trois puissances contre la Prusse.

Mais le gouvernement italien, — " appuyé par le cabinet de Vienne! „ — demanda, comme prix de son ad-

---

(1) A la nouvelle de l'hécatombe de Mentana, on fit, à Florence et dans d'autres villes, des démonstrations aux cris de *à bas la France !* et on demanda l'hymne germanique. Fallait-il s'en étonner ?

(2) Curàtolo, *Id.*, cap. V, p. 64-67.

hésion, l'adjonction d'un quatrième article, formulant un *modus vivendi* entre l'Italie et le Saint Siège, — article qui devait être assez anodin, puisque l'Autriche l'avait agréé....

Cela néanmoins, l'empereur des Français ne voulut pas consentir à cette adjonction, malgré l'entremise du prince Jérôme et du général garibaldien hongrois Etienne Türr, allié de la famille Bonaparte et fort bien en Cour. Et le duc de Grammont formula même ce refus sous une forme brutale, en télégraphiant le 30 juillet à l'ambassadeur français à Vienne ce qui suit: " Dites au général Türr: j'ai reçu sa lettre. Il nous est impossible de faire la moindre chose touchant Rome. *Si l'Italie ne veut pas marcher, qu'elle reste!* „

Evidemment, Napoléon III était sous l'influence de son entourage, sous celle d'Emile Ollivier (le ministre " au coeur léger „), aussi temporaliste que l'impératrice, laquelle, après Mentana, avait parodié la devise garibaldienne *ou Rome ou la mort*, par cette autre: *la mort, oui! Rome, jamais!* et qui devait bientôt s'écrier aussi, — après la défaite de Woerth! — " plutôt les Prussiens à Paris, que les Italiens à Rome! „

Toutefois, lorsque les premiers revers suivirent la facile et puérile victoire de Saarbruch, du 2 août, dont il avait voulu se donner le spectacle (1), l'empereur se ravisa, déclarant qu'il accepterait l'article 4, proposé par l'Italie, si l'on consentait à quelques modifications.... Mais les défaites de Woerth et de Forbach avaient naturellement déjà refroidi les bonnes dispositions de Vienne et de Florence. On n'en fit plus rien. Plus tard, le 30 août, quand

---

(1) Vapereau, *Dictionnaire universel des contemporains*. Supplément: article *Napoléon III*. Hachette, 1873. " Le corps d'armée du général Frossard avait forcé trois compagnies prussiennes à se retirer, après une courte résistance „. — Voilà *la victoire de Saarbruch!* Mais cela avait permis au prince impérial, présent à cette escarmouche, dont la presse officielle parla comme d'un grand succès, de " ramasser sur le champ de bataille " des boulets encore chauds „!

il se vit près de sa perte, l'empereur envoya le prince Jérôme à Florence, solliciter l'aide du gouvernement italien, en déclarant, — cette fois, — qu'il lui laisserait les mains libres à Rome.... Il était trop tard! Les conditions, déjà désespérées, de la France, et la catastrophe de Sedan, qui suivit de près, — le 4 septembre, — éloignèrent toute possibilité d'une intervention, qui n'aurait pu d'ailleurs rien sauver alors, sans compter qu'elle répugnait à la démocratie italienne, depuis Mentana, et n'avait jamais non plus trop souri á nos hommes d'Etat.

Et voilà pourquoi la France se trouva seule contre l'Allemagne, en 1870! Qui peut dire quel cours les événements auraient pu prendre, si elle avait eu, dès le début, l'appui de l'Autriche et de l'Italie?

En un certain sens, on pourrait donc soutenir que Louis Bonaparte et sa dynastie ont été, à leur tour, des victimes du pouvoir temporel des papes!....

IV.

Sous la troisième République.

Ce ne fut qu'après la chute de l'Empire français que l'Italie put entrer en possession de Rome, le 20 septembre 1870.

La " Brèche de Porte Pie, „ fait d'armes en soi-même dépourvu d'importance, n'en gardera pas moins toujours une haute signification; car ce fut l'affirmation de notre droit national et l'éclatante récompense de nos efforts de 21 ans et de tout le sang qui avait été répandu pour atteindre à ce resultat. Voilà pourquoi la catastrophe de Sedan, qui avait enfin rendu possible ce grand et heureux événement, fut saluée avec joie en Italie.... A quoi bon le cacher? On nous en voulut, naturellement, chez nos voisins, où l'on ne pouvait pas savoir que nous ne nous réjouissions pas des malheurs de la France, mais seulement de l'écroulement de l'Empire, de la chute d'un souverain, qui était, au fond, l'ennemi le plus puissant et obstiné de notre unité nationale. Voilà ce que les Français feront bien de ne pas perdre de vue, lorsqu'on évoquera de si fâcheux souvenirs.

Jusqu'à cette date mémorable de la Brèche, nous avions eu à nous plaindre d'une France officielle, républicaine d'abord et ensuite impériale, mais toujours asservie à Louis Bonaparte et plus ou moins cléricale. Avons-nous eu à nous louer, par contre, des procédés de la 3ᵐᵉ République? C'est ce que M. Curàtolo nie carrément: " Nous verrons, dit-il (1), quels affronts et quelles humiliations la France républicaine et démocratique des Gambetta, des Ferry, des Freycinet, — et celle des Poincaré aussi, — a infligés à l'Italie et tout ce qu'elle a fait contre ses légitimes aspirations et ses intérêts. „ Et le voilà s'évertuant à dresser la liste complète des torts que l'Italie aurait le droit, suivant lui, de reprocher éternellement aux hommes de la 3ᵐᵉ République, — et dont jamais il ne voudrait, ce semble, que le souvenir pût s'effacer.

J'aurais garde de vouloir dissimuler, ni même atténuer, la plupart des faits que Curàtolo se plaît à énumérer, dans cette seconde partie de son acte d'accusation; mais je dois pourtant observer que le rôle de " procureur général, „ qu'il a voulu assumer envers la France, l'a entraîné inconsciemment à méconnaître ce qu'il peut y avoir de relatif dans les événements; et cela le pousse trop souvent à mettre sur la même ligne ceux qui ont une réelle gravité et les incidents d'une moindre importance ou même

---

(1) Curàtolo, *Id.*, cap. VI, p. 86.

assez insignifiants.... Pourquoi, par exemple, ne pas faire la juste part à l'espèce de fatalité qui avait mis l'une contre l'autre la France et l'Italie ?

Il est malheureusement incontestable que des injustices ont été commises contre nous, de l'autre côté de la frontière, même plusieurs années après la chute de l'Empire; et celles-là il doit être permis de les regretter, dans le seul but d'en rendre le retour à tout jamais impossible. Mais peut-on mettre au même niveau les simples manques d'égards, les boutades et les attaques haineuses ou les " niaiseries „ de certains journalistes à court de copie et irresponsables, — *irresponsables* dans toute l'acception du mot, — ou même les " intempérances de langage „ de quelques hommes d'Etat, dépourvus évidemment d'une partie au moins de ce qu'il faudrait, pour éviter les pas de clerc dans le monde politique ? Ces choses-là ne devraient jamais être prises au tragique.

Et cette observation en appelle tout naturellement une autre, qui a bien son importance. C'est que la plupart, pour ne pas dire tous, les actes de malveillance dont l'Italie a eu réellement à souffrir, ont été inspirés par le ressentiment et l'animosité qu'on avait conçus en France, à cause de notre entente avec l'Allemagne, d'abord, et, plus tard, en conséquence de notre entrée dans la Triple Alliance.

Qu'on veuille bien remarquer comment les événements se sont enchaînés. Le second Empire, par son hostilité constante à nos intérêts nationaux et par l'état d'asservissement où, sous prétexte de la gratitude qu'il exigeait de nous, il nous avait tenus pendant onze ans, nous avait poussés dans l'orbite de l'Allemagne; la 3ᵐᶜ République, à son tour, par sa méfiance, dérivant de notre entente avec l'Empire germanique, et s'exprimant trop souvent sous forme de mauvais procédés, finit par nous forcer d'entrer dans la Triple Alliance, comme nous allons voir sous peu; mais, du moment que, quelles qu'en fussent les raisons, nous faisions cause commune avec les ennemis de la France, pouvions-nous nous attendre, nous autres Italiens, à être traités par elle avec équité et bienveillance? Nous devons être convaincus que non, pour peu que nous sachions nous mettre un instant à la place des Français. Les amis de nos ennemis ne deviennent-ils pas, *ipso facto*, des ennemis?

Cet état d'âme de nos voisins de l'ouest explique bien des choses, s'il ne les excuse pas toutes.... Et il y avait là comme un cercle vicieux: on nous en voulait de nos intelligences avec l'Allemagne, et la manière dont on nous témoignait du mécontentement et du dépit, nous forçait à nous approcher toujours plus d'elle, — ce qui avait pour effet de faire croître davantage chez nos amis brouillés la mauvaise humeur, le ressentiment et les rancunes.... N'était-ce pas la fatalité, à laquelle je faisais allusion tout à l'heure et qui dérivait, comme une nécessité implacable, de notre situation réciproque?

Voilà des considérations qu'il ne faut jamais oublier, en examinant nos relations avec la 3me République, depuis sa fondation, jusqu'à notre déclaration de neutralité en 1914, — qui fit, comme par enchantement, disparaître toute cause de méfiance envers nous.

C'est qu'avant cette grande et émotionnante révélation de l'âme de l'Italie, on ne se doutait point en France que notre solidarité avec les Empires du Centre n'était rien moins qu'absolue et sans bornes; qu'elle visait surtout au maintien de la paix en Europe, et que, notamment, l'article 7 du traité qui nous avait attiré tant de colères, nous sauvait de la honte de donner notre concours à une guerre d'agression.... Et comme on ignorait cela, faut-il en vouloir à ceux qui, en France, ne laissaient échapper

la moindre occasion, ou saisissaient même le premier prétexte venu, pour tomber sur nous ? Tout au plus, on aurait pu leur reprocher de s'en prendre seulement à celui
de leurs trois *ennemis* qui leur paraissait le moins redoutable.... Il est vrai, cependant, que c'était aussi le plus
rapproché, celui qu'on avait mieux sous la main, pour lui
faire des " querelles d'Allemand. „

Abordant à présent ce qu'on pourrait appeler la seconde partie du réquisitoire politique de M. Curàtolo, je
ne crois vraiment pas qu'il faille donner autant d'importance que lui au fait qu'après la chute de l'Empire " les
hommes de la démocratie française, qui venaient de constituer le *gouvernement de la défense* nationale, ne furent
que tièdement favorables à la légitime aspiration italienne
sur Rome „ (1); ni à celui que, le 6 septembre, Jules Favre,
tout en disant à notre ambassadeur Nigra qu'il considé-
rait la Convention de septembre comme " bien morte, „
avait ajouté qu'il ne l'aurait pas dénoncée, pour ne pas
chagriner le pape (2); ni même à l'incident diplomatique
de M. Sénard, ministre de France à Florence, brusque-
ment rappelé, pour avoir, deux jours après la Brèche de
Porte Pie, adressé par écrit des félicitations officielles à
Victor Emmanuel; et nous ne nous arrêterons pas non
plus sur l'épisode des longues remontrances que le gouvernement italien dut faire, pour obtenir enfin que le
stationnaire français " Orénoque „ reçût l'ordre de quitter
le port de Civitavecchia (3). On peut bien, je crois, ad-
mettre que, pendant les premières semaines qui suivirent
le désastre de Sedan, les hommes à qui incombait, dans
des circonstances si terribles, le sort de la patrie fussent

---

(1) C u r à t o l o, *Id.*, cap. V, p. 69.
(2) *Ib. Ibid.*
(3) *Id. Ibid.* p. 70.

un peu désorientés. On le serait à moins, sans doute; et, quant aux dispositions peu bienveillantes dont ces faits pouvaient être la démonstration, il faut rappeler que, dans ces tristes jours, presque tout le monde nous maudissait en France, à cause de notre prétendue ingratitude envers elle; car, d'un côté, la masse du peuple croyait pour tout de bon, — on le lui avait tant répété! — que l'Empire français nous avait comblés de bienfaits, et presque personne ne connaissait, au surplus, les obstacles mis par Napoléon III lui-même à son alliance avec l'Italie et l'Autriche, qui aurait pu le sauver (1).

Mais les actes d'hostilité qui doivent surtout appeler notre attention sont ceux qui se rapportent aux sujets suivants: Garibaldi en France; la question de Tunis; la guerre à la rente italienne; les massacres de Marseille et ceux d'Aigues-Mortes; la Triple Alliance; les incidents du " Carthage „ et du " Manouba, „ le langage provocateur de la presse et de quelques hommes politiques.

Garibaldi en France. — Après Sedan, et quand la situation militaire de la France était déjà presque désespérée, Garibaldi, - oubliant Rome et Mentana, - offrit à la République française, suivant son expression, " ce qui restait de lui „ (2). Inutile d'insister sur la beauté de cet acte. S'échappant de Caprera, où il était presque gardé à vue par les navires de guerre, il débarqua le 7 octobre 1870 à Marseille, où, d'après les instructions du gouvernement de la défense nationale, on lui fit un accueil solennel, rehaussé encore par l'enthousiasme de la population. Ayant reçu le commandement des francs-tireurs, auxquels s'étaient

---

(1) Voir, *L'isolement de la France en 1870*, p. 43.

(2) Après la blessure d'Aspromonte, Garibaldi ne se traînait plus qu'avec peine. L'âme seule était toujours la même.

joints beaucoup de volontaires italiens, et des troupes ir-
régulières, — sur la ligne de l'Est et particulièrement
dans les Vosges, — il établit son quartier-général à Dôle,
le 21 octobre, et commença aussitôt à remplir sa mission,
consistant surtout à inquiéter les mouvements de l'armée
de von Werder.

Comment s'acquitta-t-il de sa tâche ? Il n'entrerait pas
dans la mienne de le dire, même s'il ne me manquait pas
la compétence nécessaire (1), ni de mettre en relief la
bravoure de ses volontaires. Je rappellerai seulement ce que
tout le monde devrait savoir, que l'Etat-Major allemand
rendit pleine justice à la rare capacité dont notre héros
avait donné la preuve, en cette occasion, comme toujours.
Mais écoutons plutôt là-dessus le témoignage d'un écrivain
français : " Le 6 janvier 1871, Garibaldi occupe Dijon,
qu'il défend avec un grand succès (pendant les journées
du 21, 22 et 23) et qu'il évacue, le 1ᵉʳ février, *par suite de
l'armistice. La journée du 22 eut particulièrement le caractère d'une victoire ; l'ennemi dut abandonner ses fortes
positions des environs et le 61ᵐᵉ régiment prussien, presque
entièrement détruit par la brigade Menotti, se vit arracher
son drapeau* (2) „.

Tout cela n'empêcha pas quelques stratégistes de café
de déclarer que les succès réels des garibaldiens des
Vosges avaient été " trop chèrement payés ; „ attendu que,

---

(1) M. Curàtolo reproduit les instructions de M. de Freycinet, ministre de
la Guerre: " Je viens confier à votre grand coeur la situation de notre armée
de l'Est et vous demander votre appui pour elle; vous seul pouvez en ce moment tenter en sa faveur une diversion efficace. L'entreprise que nous vous
demandons est très difficile, puisqu'il s'agit avec de faibles forces de préserver
Dijon contre un coup de main et d'arracher Dôle à l'ennemi, en même temps que
de vous maintenir dans des positions étendues, comme la forêt de Chaux, que
l'ennemi occupe déjà sans doute (*sic !*). Cette entreprise est digne de votre
gloire. „ C u r à t o l o, *Id.* cap. V, p. 72.

(2) V a p e r e a u, *Dictionnaire universel des contemporains*, Supplément *1873*,
Article *Garibaldi*.

suivant eux, le général de Werder n'aurait consenti de si bonne grâce à essuyer de graves échecs, que *pour dissimuler des opérations militaires plus importantes, à la faveur de ses fausses attaques sur Dijon....* M. Vapereau lui-même a cru devoir prendre note de cette version (1). Et il y eut même tout de suite un journaliste parisien, qui découvrit que si le général Bourbaki, commandant en chef de l'armée de l'Est, s'était laissé prendre, avec les 150,000 hommes dont il disposait, entre l'armée de von Werder et celle de Manteuffel et avait dû exécuter, le 27 janvier, une retraite désastreuse sur Besançon, se tirant ensuite dans la tête un coup de pistolet (qui ne le tua pas) et abandonnant le commandement au général Clinchant, qui eut la douleur de se réfugier en Suisse avec les débris de cette belle armée, c'était évidemment.... *par la faute de Garibaldi.* Mais, puisque Garibaldi était encore, *le 1ᶜ février*, à Dijon, qu'il devait, d'après les ordres du ministre Freycinet, " préserver d'un coup de main?.... „ Et avait-on donc déjà oublié qu'il avait su garder cette ville et " les fortes positions environnantes, „ prises à l'ennemi, pendant près d'un mois, — du 6 janvier au 2 février? Mais passons.

Quoi qu'il en soit, Garibaldi, qui avait été élu dans six départements député à l'Assemblée Nationale de Bordeaux, n'ayant plus aucune possibilité de combattre, à cause de l'armistice, se présenta à la séance préliminaire du 12 février, pour donner sa démission et plaider la cause des orphelins, des veuves et des mutilés de son armée.

---

(1) Cela me rappelle qu'il y a une vingtaine d'années un professeur allemand d'une école militaire *italienne* voulait me soutenir que si les Allemands n'avaient pas fait prisonnier Garibaldi à Dijon, *pour le montrer aux Berlinois,* ç'avait été uniquement... parce que le grand Etat Major Prussien *n'avait pas voulu faire de la peine aux Italiens, amis de l'Allemagne !* Toujours les mêmes, ces gens de la *Kultur*, surtout lorsqu' ils daignent manger le pain de ceux qu'ils se font un devoir de mépriser !

Après la lecture de sa lettre de démission, il voulut .prendre la parole, mais un grand tumulte l'en empêcha. On criait: *Qu'il se taise! Nous n'avons par besoin d'Italiens!* Dans le public, au contraire, on l'exhortait à prendre la parole; mais Garibaldi déclara qu'il ne l'aurait pas fait, sans l'autorisation du président.... Que fit alors celui-ci? Il se couvrit, et les députés quittèrent la salle au milieu d'un assourdissant tapage.... Garibaldi sortit l'un des derniers et partit pour Marseille, où il s'embarqua pour Caprera (1).

Cette noire ingratitude et ces grossières injures furent quelque chose de vraiment déplorable, qui en doute? Mais serait-il juste d'en vouloir à la France entière, comme prétendrait Curàtolo?

J'observe, d'abord, que l'indécente bagarre de la grande majorité de l'assemblée avait soulevé les protestations d'une partie au moins du public, demandant que le défenseur de Dijon fût entendu. N'est-ce pas M. Curàtolo lui-même qui nous l'a dit?

Mais on est bien aise, en outre, de pouvoir ajouter ici que la France et le monde civilisé ne durent pas rester longtemps sous l'impression de ces incroyables scènes. Quelques jours après, dans cette même salle de Bordeaux, un homme justement célèbre et qui pouvait se vanter d'être le vrai représentant de la France éclairée et démocratique, Victor Hugo, voulut rendre justice à Garibaldi et faire envers lui un acte éclatant de fraternelle solidarité.

Ce fut dans la séance du 10 mars. Garibaldi venait encore d'être élu député, en Algérie, en même temps que Gambetta. Le président de l'assemblée, qui était alors M. Grevy, considérant que le général n'était pas démissionnaire pour cette nouvelle élection, demanda au rap-

---

(1) Curàtolo, *Id., Ibid.,* p. 73 et 74.

porteur quelles étaient les propositions du bureau. Le rapporteur exposa qu'il était tout bonnement chargé de proposer que " le nouvel élu fût remplacé.... „ Le président objecta justement que le bureau n'avait à décider que touchant la validité de l'élection. Un grand vacarme s'ensuivit, tous demandant la parole. Victor Hugo monta à la tribune.

" Je ne veux dire qu'un mot.... „ commença-t-il.

" *Tant mieux!* s'écrièrent en ricanant quelques membres de la Droite.

" La France, poursuivit le poète, vient de traverser une épreuve terrible, dont elle sort sanglante et vaincue. La France, accablée devant le monde, rencontra la couardise de l'Europe.... Nul ne s'est levé pour défendre cette France, qui tant de fois avait pris en main la cause de la civilisation. Pas un roi! Pas un Etat! personne! sauf un seul homme.... *(Interruptions, éclats de rire à Droite, applaudissements à Gauche).*

" Les Puissances n'intervenaient point, mais un homme intervint, et cet hommes est " une puissance „ *(nouveaux bruits assourdissants)*. Et cet homme qu'avait-il ? Son épée *(rires de dérision)*. Or cette épée avait déjà délivré un peuple et pouvait en sauver un autre.... *(protestations à Droite)*. Il est venu, il a combattu.... *(à Droite: il a feint de combattre)*.... Je n'ai l'intention d'offenser personne: je ne dis que la pure vérité en déclarant que, seul, parmi tous le généraux qui ont lutté pour la France, il n'a jamais été vaincu.... „

A ce point, les vociférations, les menaces, les imprécations atteignent le comble. La Droite, debout, les poings tendus vers la tribune, menaçait de passer aux voies de fait. Mais le silence ayant été rétabli par l'autorité du président, Victor Hugo, avec une sérénité olympienne, continue en répétant:

" Garibaldi est le seul général qui n'ait jamais été vaincu ! „

Nouveau tohu-bohu ; on tempêtait, on criait à tue-tête, on frappait les pupitres à grands coups de poing. C'est alors que Victor Hugo, voyant l'inutilité des efforts du président pour lui assurer la parole, descendit lentement de la tribune, et, allant au banc des sténographes, écrivit au président une lettre ainsi conçue:

" Il y a trois semaines, l'Assemblée a refusé d'entendre Garibaldi ; aujourd'hui, elle refuse de m'entendre : je donne ma démission (1). „

Il faut savoir gré à M. Curàtolo, dont je viens de traduire presque textuellement l'intéressant récit (2), de nous avoir rappelé ce que fut cette mémorable séance, — sans se douter, dans sa parfaite loyauté, qu'il détruisait ainsi lui-même tout le parti qu'il aurait pu tirer en faveur de sa thèse francophobe des insultes prodiguées à Garibaldi....

Il y avait donc eu, d'un côté, la grande majorité d'une Assemblée politique, composée presque exclusivement de représentants de la noblesse rurale et cléricale, — cette même faction qui devait essayer en vain, un peu plus tard, de rétablir sur les ruines de l'Empire la monarchie légitime et réactionnaire de *Henri V* (le comte de Chambord), — de l'autre côté, le grand penseur et poète Victor Hugo, qui défendait courageusement le magnanime ami de la France malheureuse et lui témoignait, par sa démission, la plus chaleureuse solidarité.

Quelle valeur, quelle importance pourrait-on donner aux huées brutales et inintelligentes des suppôts de la

---

(1) Le texte de cette lettre se trouve dans V a p e r e a u, *Dict.* Suppl. article *V. Hugo.* — On doit remarquer que le grand poète avait été élu représentant de la Seine, le second sur 43, par 214, 169 voix sur 328, 979 votants.
(2) *Id., Ibid.,* p. 74-75.

féodalité et des sacristies, vis-à-vis des paroles et des actes du plus glorieux poète du XIXme siècle ?

Et ce n'est pas tout. M. Curàtolo, comme s'il tenait, lui le premier, à nous démontrer que l'Assemblée de Bordeaux, dans sa majorité, était loin de pouvoir prétendre à représenter la France, — la France amie du progrès et assagie par le malheur, — nous donne aussi le texte de la belle délibération prise, dès le 16 février 1871, par le Conseil municipal de Lyon, — " la seconde Ville de France, „ — en faveur de Garibaldi, son citoyen d'honneur (1).

Par cette délibération, le Conseil municipal, considérant " que le général Garibaldi n'a pas reçu de l'Assemblée réunie à Bordeaux un accueil digne de lui et des services qu'il a rendus à la Patrie, „ — que " Garibaldi a noblement offert son épée à la France républicaine et vaillamment combattu pour elle, „ — que " la Ville de Lyon, plus particulièrement, doit à son habileté et à son courage d'avoir été préservée jusqu'ici de l'invasion ennemie, „ — décrète : " Le Général Garibaldi, Citoyen Lyonnais, a bien mérité de la Patrie, et la Ville de Lyon est heureuse de lui exprimer hautement son admiration et son éternelle gratitude. „

En faut-il davantage, pour se convaincre que la partie éclairée de la nation française a su réagir contre les vilenies des représentants de l'aristocratie cléricale ? Il me semble que non !

— *Les petits papiers de Garibaldi.* — *Le " Défi de Sofi. „* — M. Curàtolo, désireux de nous montrer un Garibaldi devenu " ennemi de la France, „ est allé fouiller dans la précieuse collection d'autographes garibaldiens

----

(1) *Id., Ibid.*, p. 76-77.

P. Preda, *Pour l'amitié italo-française* - 8

qu'il possède, pour pouvoir étaler sous nos yeux, non seulement des lettres ayant été réellement expédiées, mais des brouillons, de simples notes courantes, des bouts de papier, en somme.

Il me semble regrettable qu'il n'ait pas su résister à cette tentation.... Pourquoi donc vouloir être si facile à divulguer tout ce que des grands hommes ont pu griffonner sur leurs " petits papiers? „ De quel droit nous fait-on ainsi entrer dans leur intimité ?

Il y a même dans cette manie quelque chose de peu respectueux, à l'égard des hommes illustres, qu'on prétend honorer de si étrange façon et avec tant de sans-gêne, pourrait-on dire.... N'est-ce pas là comme une sorte d'abus de confiance? Car, enfin, nous devons supposer aussi qu'un personnage célèbre, poète, philosophe, guerrier, ministre, diplomate ou simple " homme de lettres, „ doit déjà s'être chargé lui-même, quand il était de ce monde, de dire à ses contemporains ce qu'il tenait à leur faire savoir, — à part le cas où il aurait laissé des " mémoires d'outre-tombe, „ ou bien encore des documents ne devant paraître qu'après la disparition d'une ou deux générations....

A quoi bon, après tout, d'ouvrir ainsi tous les tiroirs d'un bureau et d'en montrer le contenu aux regards des profanes ? L'impression du moment, un juste ressentiment même, — violent quoique passager, — peuvent avoir suggéré des plaintes amères ou des " coups de boutoir, „ les unes et les autres également destinés à l'oubli : de quel droit veut-on, non seulement les faire connaître au grand public, mais les perpétuer ?

Ce que je dis ici, s'applique à la presque totalité des " documents „ que M. Curàtolo a voulu exhumer, pour tâcher de faire de Garibaldi un francophobe ; — ce que le général était si peu, que la plupart des pièces qu'on nous exhibe nous fournissent la preuve du contraire....

C'est ce qui arrive, par exemple, pour le " Défi de Sofi, „ — une page inédite que notre héros écrivit, " après la campagne des Vosges, „ ainsi que M. Curàtolo constate avec beaucoup d'empressement, et après aussi (je tiens à le faire remarquer, à mon tour), après l'insurrection de la Commune, commencée le 18 mars 1871 et noyée dans le sang, par le maréchal Mac Mahon, le 28 mai suivant.

Il s'agit d'une réponse aux provocations incessantes et aux basses insultes que le journal " La Gironde „ ne se lassait pas d'adresser à l'Italie et aux garibaldiens. M. Curàtolo attache une grande et décisive importance à ce curieux document; car, un peu aveuglé par son parti pris, il croit y voir une preuve incontestable " du grand mépris qu'avait provoqué dans l'âme du héros la conduite de la France (1). „

Eh bien! Rien de plus contraire à la vérité! Ce document, qui occupe quatre pages du volume in-8° de M. Curàtolo, ne révèle autre chose que le mépris qu'inspiraient à Garibaldi les chauvins idiots, insulteurs de tout ce qui était italien et de ses vaillants compagnons d'armes surtout. C'est à ces dénigrateurs perpétuels et systématiques de l'Italie qu'il en veut *exclusivement*. Poussé à bout, il propose tout uniment à ces italophobes enragés de donner une bonne fois libre cours à leurs haines, en chargeant 100 des leurs de venir se mesurer les armes à la main avec 100 de ces garibaldiens qu'ils détestent si cordialement. Ce combat pourrait avoir lieu dans *l'îlot de Sofi,* " sur la côte N.-E. de la Sardaigne, — dit-il — " à l'entrée du très beau port de Coghinas; c'est un îlot où 200 hommes pourraient commodé-

---

(1) *Id., Ibid.* p. 78.

ment *(sic)* se battre et où l'on trouve assez de terre pour y ensevelir les morts ou assez de brouissailles pour les incinérer, si l'on préfère ce moyen plus noble.... „

" Oui, conclut-il ; cent chauvins et cent *brigands italiens* y pourraient combattre tout à leur aise ! „

Ce défi n'était qu'un héroïque anachronisme, car, sous certains rapports, Garibaldi demeurait, en plein XIXme siècle, le contemporain de Léonidas, de Bayard, et de ceux qui se mesurèrent à Barletta en 1503.... Inutile de remarquer que le gant que Garibaldi avait eu un moment l'idée de jeter (avec pleine conviction, sans nul doute) n'aurait pu être relevé. Aucun gouvernement n'y pouvait d'ailleurs consentir....

Mais il ne serait pas possible, non plus, de penser uu seul instant que le général eût eu l'intention d'appeler aux armes les champions de la France et de l'Italie et de leur faire décider, par un combat, renouvelé de celui des Horaces et des Curiaces, je ne saurais quelle compétition entre les deux peuples. Il n'aurait voulu qu'une chose : offrir enfin à ses compagnons italiens des Vosges l'occasion de regarder un peu dans le blanc de l'oeil leurs lâches insulteurs.

La France, n'en déplaise à M. Curàtolo, n'était pas plus appelée en cause que l'Italie. Cette supposition, déjà par elle-même insoutenable, est d'ailleurs écartée par les déclarations explicites de Garibaldi, — déclarations que M. Curàtolo nous fait connaître, sans s'apercevoir, encore une fois, qu'elles rendent sa pièce tout à fait inoffensive. Ecoutons-les donc : " Tout le monde sait combien je respecte les Français et combien franchement j'aime ce malheureux peuple, victime infortunée de quelques aristocrates, fameux par leur vices et leur adresse dans la corruption. Mes amis de France me pardonneront donc, si je me ressens, au nom de mon pays, des rodomantades aristo-cléricales de certaine canaille (1). „

Peut-on être plus clair ? Et, un peu plus loin, il dit: " Je demande pardon à mes amis de France, si je dois me plaindre de leurs compatriotes bâtards: je les plains d'être tombés, après les massacres de Paris, — la ville héroïque, — sous la férule, tachée de sang et de boue, de ces vauriens. Mais je suis las, et avec moi tous mes compatriotes, des injures de cette racaille (2). „

On pourra dire que Garibaldi prenait chaleureusement parti pour la France révolutionnaire, contre le gouvernement de Versailles (Victor Hugo était un peu de son avis, lui, qui avait trouvé la formule: *Versailles a la loi et Paris a le droit*); mais quant à faire du défenseur de Dijon un ennemi de la France, M. Curàtolo en aura été pour sa peine.... Autant valait qu'il eût laissé dormir ce document dans ses archives garibaldiennes.

La question de Tunis. — C'est ici que M. Curàtolo a beau jeu; car il ne lui est pas difficile de démontrer à travers quel enchevêtrement de fausses assurances prodiguées à l'Italie et de subterfuges alternant avec des coups de force, la diplomatie française eut raison de la bonne foi naïve de notre ministre Cairoli, un héros des plus authentiques, qui, placé à la tête du gouvernement et en contact avec les ruses diplomatiques, faisait un peu l'effet.... d'un poisson sur un arbre.

M. de Noailles, ambassadeur de France à Rome, M. Waddington, ministre des affaires étrangères, M. M. Gambetta et Freycinet, avaient tour à tour déclaré à notre gouvernement que " la France n'avait aucune intention de s'emparer de la Tunisie, „ ou, du moins, qu'elle n'aurait

---

(1) *Id., Ibid.*, p. 78.
(2) *Id., Ibid.*

rien entrepris de ce côté, sans un avis à l'Italie, ou sans lui ménager tout au moins des compensations dans le bassin de la Méditerranée; mais, en 1880, après que M. Barthélemy de Saint-Hilaire eut pris la direction du Quai d'Orsay (ministère Ferry) la fable de la puissante (*sic!*) tribu des Krumirs, qui avaient, prétendait-on, fait des incursions sur le territoire d'Alger et menaçaient le chemin de fer Bona-Guelma, permit au gouvernement français de faire voter un crédit de plus de 5 millions et demi de francs et de faire partir de Toulon des navires et des troupes de débarquement (1). Enfin, le 12 mars 1881, un traité dit " de garantie „ fut signé par le Bey et le commandant du corps d'occupation: M. Barthélemy de Saint-Hilaire assura notre ambassadeur, le général Cialdini, que l'occupation ne serait que " temporaire „ et que Bizerte devait être évacué.... Mais bientôt le Parlement approuva un nouveau crédit de 14 millions et, le 12 juillet, l'escadre française occupait Sfax; le 24, Gabes et, le 9 octobre, les troupes républicaines entraient triomphalement à Tunis (2).

Tels sont les faits dans les grandes lignes, et ils sont trop connus, pour qu'il soit nécessaire, ou même simplement utile, d'entrer dans des détails.

C'est ainsi que le gouvernement français se jouait de l'excessive confiance de nos hommes d'Etat, alors presque tous médiocres; et tout ce qu'on peut franchement dire, pour expliquer cette conduite, c'est que notre entente avec l'Allemagne, qui s'accentuait et se manifestait toujours plus, nous faisait considérer en France comme des ennemis irréconciliables et comme solidaires d'une puissance qui, par son manque absolu de loyauté, méritait d'être com-

----

(1) Curàtolo. *Id., Ibid.,* p. 86-89.
(2) *Ib.,* p. 90.

battue, — même sur le dos de ses amis — en s'écartant des voies de la scrupuleuse franchise....

Toujours le cercle vicieux que j'ai déjà signalé. Les mauvais procédés de nos voisins nous poussaient toujours plus vers l'Allemagne; et cette orientation, peu spontanée, de notre politique, faisait multiplier les mauvais procédés.... Et de cette façon nous fûmes enfin contraints d'entrer dans une alliance contre nature.

La Triple alliance. — Ce traité fut signé le 20 mai 1882.

C'est que, si, après l'affaire de Tunis, l'Italie officielle avait ouvert les yeux et compris l'isolement où nous nous trouvions et la douloureuse nécessité où l'on nous mettait, de nous unir aux Puissances centrales, en dépit de toutes nos traditions libérales et démocratiques, d'un autre côté, le langage malveillant d'une partie de la presse fraçaise et les fâcheuses nouvelles qui nous arrivaient de France, sur le peu de sûreté et de respect dont nos compatriotes y jouissaient, n'étaient certes pas de nature à nous rassurer ni à nous inspirer, à notre tour, de bons sentiments.... Il n'y avait que quelques mois, par exemple, que nous avions appris qu'à Marseille plusieurs Italiens avaient été massacrés, et le récit de ces faits horribles (1) avait soulevé l'indignation générale.

Voilà, sommairemment indiquées, une partie des raisons par lesquelles une amitié allemande, — et même.... *autrichienne* (*amitié* purement de raison et diplomatique, cela va sans dire....) ne répugnait plus autant qu'autrefois à nos populations, bien qu'elles n'eussent que trop connu les cachots et les gibets de l'Autriche. Mais, dans les circonstances où l'on nous mettait, c'était le seul moyen

---

(1) On en parlera plus loin.

qui nous restait d'éviter une guerre, paraissant toujours plus difficile à conjurer et de continuer à jouir des bienfaits de la paix. Car il faut nous rendre cette justice, que c'était uniquement dans ce but que nous nous étions résignés, bien à contre-coeur, à conclure une alliance si peu sympathique. Et, en effet, n'a-t-on pas vu l'Italie fausser compagnie aux Empires du Centre, dès qu'ils ont prétendu la rendre complice d'une guerre d'agression ?

Quant à notre diplomatie, elle y songeait depuis assez longtemps, à cette alliance. Crispi en avait senti la nécessité plusieurs années avant. Et déjà en 1880, le général Cialdini, notre ambassadeur à Paris, avait conseillé à M. Cairoli de " s'éloigner définitivement de la France, pour trouver d'autres combinaisons politiques. „

Au point où les choses en étaient arrivées, nos plus fervents patriotes et nos meilleurs hommes politiques devaient approuver l'alliance qu'on venait de conclure, — à commencer par Garibaldi, poussé à bout, lui aussi, par les affronts qu'on nous prodiguait. Cairoli même, revenu enfin de ses illusions, ne voyait plus que dans l'union avec l'Allemagne et l'Autriche " la garantie des communs intérêts; „ Zanardelli, le patriote de vieille date et l'éminent juriste, salua avec joie cette alliance, dans son discours de Naples, du 15 novembre 1882; et des hommes qui, comme Cavalletto et Finzi, avaient connu les prisons de Mantoue et de Josephstadt et portaient encore aux poignets l'empreinte des chaînes autrichiennes, parurent oublier tout ce que l'Autriche leur avait infligé de souffrances atroces (1).

Naturellement, après la conclusion de ce traité, la conduite de la France envers l'Italie devint à peu près intolérable; M. Curàtolo a raison de l'affirmer (2). Mais

---

(1) C u r a t o l o, *Francia e Italia*, cap. VIII, p. 133, 134.
(2) *Id. Ibid.*, p. 144.

soyons justes aussi: n'étions-nous pas devenus les alliés de l'Allemagne et un peu ses amis, soupçonnés partant de tremper à notre tour, dans Dieu sait quelles machinations perfides contre l'existence même de la République? Nous n'avions donc pas à nous étonner, si on nous cherchait noise à tout propos et si l'on s'acharnait à nous nuire de toutes les façons; si M. Goblet, succédé à M. Flourens, en 1888, nous créait toutes sortes de chicanes, dans notre Colonie Erythrée; si, en 1889, la rupture du traité de commerce franco-italien amenait pour nous des tarifs presque prohibitifs, pendant que la presse française excitait l'épargne à retirer les capitaux investis en valeurs italiennes et s'évertuait à décrire l'Italie comme la plus misérable des nations et que la haute Banque française nous livrait une guerre économique sans merci, qui forçait Crispi à faire appel aux bons offices de Bismarck, — lequel dut à plusieurs reprises charger un syndicat de banquiers allemands d'arrêter les baisses désastreuses qu'on infligeait à notre rente, en en achetant d'énormes quantités (1).

Et nous devions trouver à peu près naturel aussi, qu'au mois de juillet de cette même année 1889, M. Lefaibre de Béhaine, ambassadeur de France près le Saint Siège, eut eu l'audace de s'ingérer de nos affaires intérieures, en faisant savoir à Léon XIII que " la France se chargerait de la solution de la question romaine, si S. S. se décidait à quitter Rome.... (2) „

Voilà qui était vraiment par trop fort.... Mais n'avions nous pas passé dans le camp ennemi? Tout s'expliquait dès lors, si tout ne se justifiait pas, bien s'en faut. Ici, c'est à nous autres Italiens à savoir *nous mettre un*

---

(1) Curàtolo. *Id. Ibid*, p. 149, 150. — Le syndicat *sauveteur* était composé de Bleichroeder, de la *Deutsche Banke* et de la *Discontogese Ileschaft.*
(2) *Id. Ibid.*, p 147.

P. Preda, *Pour l'amitié italo-française* - 9

peu de l'autre côté, pour arriver à une appréciation sereine des faits....

Il y eut même, toujours de la part du ministère Goblet, une tentative d'abolir en Tunisie les " Capitulations, „ qui sauvegardaient les droits des 130,000 Italiens établis dans la Régence. Crispi parvint à parer le coup, ce qui lui valut du côté de la France une recrudescence de haines. (Pourqui donc ? Crispi ne faisait que ce que tout homme d'Etat français aurait fait à sa place, si les rôles avaient été intervertis). Mais les écoles italiennes n'en furent pas moins soumises à l'inspection française, et le français y devint obligatoire ; et toutes sortes d'entraves furent mises à l'exercice du droit d'association de la part des immigrés italiens (1).

Un autre acte d'hostilité envers l'Italie fut la construction des fortifications de Bizerte, — conséquence logique de l'occupation de Tunis et à laquelle on arriva à travers les mêmes subterfuges diplomatiques qui avaient précédé et accompagné l'action principale... Ainsi, en 1889, M. Goblet avait assuré formellement le gouvernement italien que la France n'avait aucune intention d'agrandir le port de Bizerte ; et, l'année suivante, le même ministre avait déclaré dénué de tout fondement le bruit qu'on faisait des études pour y élever des fortifications. Et ces assurances n'étaient pas seulement à notre adresse, puisqu'en 1891 M. Waddington avait garanti à M. Salisbury que son gouvernement " n'avait aucune intention de faire du port de Bizerte un port militaire.... „ Malgré toutes ces protestations et pendant qu'on les prodiguait, le port de Bizerte, cet ancien nid de pirates, fut transformé en

---

(1) C u r à t o l o, *Id.*, *Ibid.*, p. 144. — On sait que tout récemment (Avril 1916) des conventions ont été conclues entre la France et l'Italie pour la sauvegarde des droits de leur ressortissants en Algérie, au Maroc et en Libye. Nous ne doutons pas qu'on n'en fasse bientôt autant en ce qui concerne la Tunisie.

une des plus formidables bases navales (1), non seulement par ses fortifications, mais encore par le nouveau canal qu'on a creusé et qui le met en communication avec un lac intérieur, vaste et profond, pouvant abriter une grande flotte (2).

En ce qui nous regarde, Bizerte, qui constitue une menace même pour Malte, pourrait neutraliser notre base navale de La Maddalena. M. le général Dal Verme, député, dans son discours du 6 février 1893, à la Chambre, a démontré avec beaucoup de compétence que Bizerte " représente, pour l'Italie, un danger voisin, une menace constante (3). „ Ce serait aussi l'avis de M. Gabriel Hanotaux, ex ministre des affaires étrangères et membre de l'Académie, lequel, dans son livre " La Paix latine (4), „ dit que " par les fortifications de Bizerte, tout le bassin occidental de la Méditerranée est *sous la dépendance tactique de la France* ., et qui condense même sa conviction dans une phrase des plus énergiques, en écrivant : " Bizerte *saisit la Méditerranée à la gorge!* „

Naturellement, la valeur de ces constatations a été entièrement changée par le changement radical de nos relations avec la France. Qu'une nation voisine et *amie* soit formidablement armée, cela ne saurait inquiéter, tout au plus, que les ennemis communs ; pour nous, cela devrait être une sûreté de plus.... Nous n'aurons donc rien à craindre, de même que l'Angleterre pour Malte, surtout si nous savons conquérir dans l'Adriatique et sur la côte

---

(1) Curàtolo, *Id., Ibid.,* cap. IX, pag. 157.

(2) On peut apprendre cela même dans le " Petit Larive et Fleury „. Delagrave, Paris.

(3) Curàtolo, *Id., Ibid.,* p. 160, 161 et 169. — M. Dal Verme fit observer notamment que de Toulon à Naples, par le Sud de la Sardaigne, il y a un parcours de 600 milles ; — depuis Bizerte, seulement 320 ; de Toulon à Marsala (Sicile) 480 milles, — depuis Bizerte, 140 ; — de Toulon à Brindisi, un millier de milles ; depuis Bizerte, 600.

(4) Cité par M. Curàtolo, p. 168 et 169.

septentrionale de l'Afrique, la situation qui doit être la nôtre et toutes les garanties auxquelles nous donne droit notre condition de grande Puissance méditerranéenne.

Les massacres de Marseille et d'Aigues-Mortes. — Bien que ces deux épisodes, infiniment regrettables sans doute, de nos anciennes relations avec la France, se soient produits à douze années de distance l'un de l'autre, je crois utile d'unir ici les considérations qu'ils doivent suggérer.

Le 17 juin 1881, — une année seulement avant la conclusion de la Triple Alliance, il est bon de constater cette coïncidence..... — des soldats français revenus de Tunis traversaient triomphalement les rues de Marseille. Tout à coup, au milieu des applaudissements (d'après une des versions de ces faits regrettables) de la foule enthousiaste, quelques coups de sifflets retentirent, qui furent injustement attribués à des ouvriers italiens. " Ce fut-là, dit M. Curàtolo, le signal de l'exécution d'un complot préparé depuis longtemps contre nos laborieux compatriotes ,, (1). Le fait est "qu'une chasse à l'Italien ,, fut organisée par la populace des bas-fonds de Marseille et plusieurs de nos malheureux compatriotes furent tués ou blessés à coups de couteau.

On peut se figurer l'effet que produisit en Italie la nouvelle de ces excès. Il y eut tout de suite une série de démonstrations hostiles à la France, dans la plupart des villes italiennes, suivies de nombreuses interpellations à la Chambre. Et l'indignation qui s'empara de nos populations ne fut sans doute pas étrangère à l'accueil généralement favorable que, quelques mois après, devait avoir notre entrée dans la Triple Alliance. Les émissaires de l'Allemagne, de leur côté, ne se firent pas faute d'ex-

---

(1) Curàtolo, *Id.*, cap. VII, p. 123-132.

ploiter habilement la juste surexcitation du sentiment national.

Quelques journaux français se contentèrent d'expliquer, un peu cavalièrement, les scènes sauvages de Marseille par la haine qu'une partie de la population ouvrière indigène avait conçue contre les Italiens, qui dépréciaient la main d'oeuvre, en travaillant à plus bas prix.... Cette explication, qu'il faut toutefois retenir, prouverait que les fameux sifflets, si vraiment il y en eut, ne furent qu'un prétexte.

Douze ans après les massacres de Marseille, ceux de Aigues-Mortes eurent un caractère encore plus odieux.

Le 17 août 1893, à la *saline de Fangousse,* une escouade d'ouvriers français se moqua d'un ouvrier italien. Il y eut une rixe, à laquelle se mêlèrent, cela n'a rien d'étonnant, d'autres Italiens, pour défendre leur compatriote. Tout aurait pu finir par un échange de horions, si, malheureusement, des individus du pays n'avaient pas couru ameuter la population. Le matin suivant, une bande de 500 forcenés, tambours et trompettes en tête, précédée de deux drapeaux, l'un tricolore, l'autre rouge et portant ces mots: *Mort aux Italiens! Nous en ferons des saucisses!* arriva à une baraque, où, par ordre de la police, les Italiens s'étaient réfugiés, sous la protection de 12 gendarmes à cheval. La force fut impuissante. La foule démolit le toit de la baraque, força ces malheureux à sortir, les poursuivit à travers les champs, les assommant à coups de gourdins et de fourches.... Quelques-uns de ces infortunés voulurent chercher un refuge dans les maisons d'Aigues-Mortes: on les repoussa sans pitié! Il y eut 30 morts et plus de 100 blessés! L'hôpital, — ce qui est horrible à dire! — *refusa d'accueillir les blessés:* ils n'y furent admis que *huit heures après,* grâce seulement aux injonctions énergiques du Préfet de Nîmes!

Ce qu'il y eut peut-être de plus hideux encore, dans cette déplorable affaire, fut la conduite du Maire de ce bourg de plus de 5000 habitants, lequel, non seulement ne fit rien pour empêcher le massacre, mais n'eut pas honte de faire acte de solidarité avec les assassins, par deux incroyables manifestes publiés coup sur coup (1).

A la nouvelle de ces infamies, il y eut, comme de juste, des démonstrations anti-françaises dans toute la Péninsule. A Rome, on fit jouer l'hymne germanique et on cria : *Vive l'armée italienne à la frontière, contre la France !* On essaya même de brûler le portail du Palais Farnèse, siège de l'ambassade de France. Et de nouvelles démonstrations éclatèrent encore un peu partout, quelque temps après, lorsqu'on apprit que la Cour d'Assises d'Angoulême *avait acquitté tous les massacreurs !*

A part les regrets officiels exprimés, la seule *réparation* que le gouvernement français donna au gouvernement italien, fut de lui demander 30.000 francs de dommages-intérêts, pour les citoyens français résidant en Italie, dont les magasins avaient eu à souffrir des suites des démonstrations! Et M. Crispi, revenu alors au pouvoir, ordonna le payement immédiat de cette indemnité (2), lui, qui passait en France pour un francophobe enragé....

Les massacres d'Aigues-Mortes, qu'il est permis de juger, à l'heure qu'il est, avec plus de sang-froid qu'au

---

(1) Voici ces deux documents officiels :

1.r " Le Maire de la Ville d'Aigues-Mortes porte à la connaissance de ses administrés que la Compagnie a retiré tout travail aux ouvriers de nationalité italienne et que demain les chantiers seront ouverts pour les ouvriers qui se présenteront. Il invite la population au calme, *après la décision de la Compagnie, qui donne pleine satisfaction aux ouvriers français.* „

2.me " Recueillons-nous, *pour panser nos blessures* et, on nous rendant paisiblement au travail, démontrons *que notre but a été atteint et que nos revendications sont satisfaites.* „

Ce brave Maire ne fut suspendu qu'après des remontrances pressantes et réitérées du gouvernement italien. (C u r à t o l o, *Id.*, cap. X, p. 173-175).

(2) Curàtolo, *Id.*, p. 178.

moment où ils se produisirent, il y a de cela 23 ans, furent le crime collectif d'une des populations sans doute les plus arriérées de la France, ainsi que suffirait à le démontrer le seul fait de plus de 500 personnes prenant parti dans une rixe entre deux escouades d'ouvriers, pour massacrer lâchement des étrangers, et celui, — peut-être encore plus scandaleux, — d'une Municipalité approuvant et encourageant les massacreurs, qui étaient poussés, eux, par un bas esprit de concurrence dans la main d'oeuvre et aussi par des rancunes non moins violentes, nées de la conviction, bien enracinée dans la cervelle de cette populace fanatique, que leurs victimes appartenaient à une nation ennemie du pape et de la religion et faisant en outre cause commune avec les *Prussiens*....

C'est pourquoi, tout en nous félicitant de ce qu'on n'ait jamais tordu un cheveu à un Français, en Italie, même dans des moments de légitime excitation, — nous devons aussi considérer qu'aux yeux de cette foule ignorante d'Aigues-Mortes, tout Italien, outre qu'un concurrent perfide et dangereux, était un ami de l'Allemagne et un spoliateur du Saint-Père; car le temps n'était pas encore bien éloigné où l'on vendait en France la " paille du cachot „ où nous avions relégué Pie IX...

Mais — insiste M. Curàtolo, qui tient à faire valoir ces douloureux souvenirs, contre nos sympathies pour la France, — et que dire de la Cour d'Angoulême, qui acquitta tous les auteurs des massacres (1) ?

Voilà, qui peut certes paraître plus grave que le fait même des massacres et que celui du Maire qui applaudit et flatte la populace sanguinaire. Rien de plus déplorable, en effet, que de voir des magistrats incapables de se soustraire aux misérables suggestions qui peuvent leur

______

(1) *Id.* cap. X, p. 177, 178.

venir de l'amoralité des foules; mais ceux de la Cour d'Angoulême pourraient aussi avoir été empêchés de rendre justice, par l'impossibilité où ils se trouvaient d'atteindre les seuls vrais coupables d'un crime collectif, étant donnés les obstacles qu'opposait à la découverte de la vérité la complicité de toute une population.

Quant à l'élément économique de la concurrence dans la main d'oeuvre, qui a sans doute joué un grand rôle dans les faits, si douloureux, de Marseille et d'Aigues-Mortes, on est heureux de penser que les ententes que l'on annonce entre les représentants des associations ouvrières des deux pays, — et dont les bases paraissent déjà arrêtées de part et d'autres, tout en garantissant les droits des travailleurs français, empêcheront les nôtres qui franchissent les Alpes de devenir les objets de trop faciles exploitations et de se faire haïr et mépriser comme jadis par leurs camarades, dont ils contribuaient, un peu inconsciemment, à empirer les conditions de travail. Ce sera autant de gagné pour tous!

Notre expansion en Afrique. - Le "Carthage „ et le " Manouba „. — Dans nos essais d'expansion en Afrique, nous n'avons pas été précisément gâtés par l'Europe! En 1893, la France fit tout ce qu'elle pouvait pour nous nuire, au moment où nous étions engagés dans une terrible lutte contre l'Abyssinie. Et les autres Puissances, aujourd'hui nos alliées, ne nous montrèrent pas plus de bienveillance.

" Dans cette action hostile, en effet, la France fut efficacement secondée par la Russie, et quelquefois même par l'Angleterre. C'était déjà la *Triple Entente*, mais au détriment de l'Italie „! (1)

" L'Angleterre possédant, avec la France, tous les

(1) C u r à t o l o, *Id.,* cap. XI, p. 194.

ports qui donnent accès à l'Ethiopie méridionale, elles y faisaient passer les armes qui devaient ensuite servir aux Abyssins contre nos soldats, à Amba-Alagi et à Adoua (1).

Nous rencontrâmes plus tard la même hostilité, plus ou moins dissimulée, pendant notre expédition en Libye, en 1912. Notre flotte avait beau bloquer les côtes de la Tripolitaine et de la Cyrénaïque: depuis les frontières de la Tunisie, on faisait passer, sous les yeux des autorités françaises, des vivres, des canons, des munitions. L'Angleterre laissait en faire autant à la frontière egyptienne ; et nos alliés de la Triple, en un touchant accord avec leurs ennemis, s'efforçaient aussi de nous faire tout le mal possible.... On peut se demander quel intérêt pouvaient bien avoir les Empires du Centre à entraver ainsi nos modestes entreprises coloniales, puisque nous faisions partie de leur groupe.... Mais celui, tout bonnement, de maintenir l'Italie dans sa faiblesse, pour continuer à la reléguer dans le rôle de Cendrillon, que ses " alliés „ lui réservaient.

En ce qui concerne plus spécialement la France, deux épisodes significatifs de sa constante hostilité à notre égard, furent les fameux incidents soulevés par la capture du " Carthage „ et du " Manouba. „

Le 16 janvier 1912, le croiseur italien " Agordat „ arrêtait, à 30 milles du Cap Spartivento, le vapeur "Carthage, „ de la Compagnie Transatlantique, faisant service entre Marseille et Tunis, et, ayant découvert qu'il portait un aéroplan, destiné évidemment au camp turc, il remorqua le navire à Cagliari, avec sa charge compromettante.

Quatre jours après, le 20, un torpilleur arrêta, à son tour, en vue de San Pietro (Sardaigne), un autre vapeur battant aussi pavillon français, le " Manouba, „ qui avait à

____

(1) Curàtolo, *Id.*, p. 94.

P. Preda, *Pour l'amitié italo-française* - 10

bord 29 passagers turcs, soi-disant médecins et infirmiers, et comme le capitaine refusait de les livrer, le " Manouba „ fut aussi conduit à Cagliari (1).

Dans ces deux captures, l'Italie n'avait fait qu'exercer un droit qui lui était reconnu par les lois internationales, — droit dont la France devait user largement deux ans après, contre nous, dès son entrée en guerre (et même après notre déclaration de neutralité, qui nous avait fait rentrer dans ses bonnes grâces....), en visitant nos navires et les capturant même, avec moins de raison et d'égards que nous n'en avions eus envers elle et en ne se gênant pas pour faire prisonniers nos passagers allemands, qui étaient dans l'identique condition des Turcs du " Ma-nouba „.... Mais, deux années avant, nos deux captures causèrent chez nos voisins une excessive agitation et nous attirèrent d'amers reproches et des menaces furibondes.... On eût dit que nous venions de violer toutes les règles du droit international !

Dès le 22 janvier, il y eut à la Chambre une pluie d'interpellations. Le député Laroche demanda qu'on fît " respecter le pavillon français „ et qu'on exigeât de l'Italie " l'éclatante *réparation* qui était due à la France. „ L'amiral Bienaimé prononça un long discours, plus modéré dans la forme, mais concluant ainsi : " Le pays veut une satis-fation, et, *s'il faut aller jusqu'à une réparation, il est prêt....* „ Le député *démocrate* Guerrier parla d'un ton non moins tragique, prétendant que l'Italie avait " mis en doute la parole de la France „ et ajoutant que, puisque " cette parole devait être sacrée, „ il désirait savoir ce que le gouvernement exigerait pour la faire respecter (1).

Là-dessus, M. Poincaré, alors président du Conseil

---

(1) Curàtolo, *Id.*, cap. XII, p. 210, 211.

des Ministres, fit des déclarations, sous une forme moins violente, sans doute, mais en maintenant toutefois à la discussion tout son caractère agressif et menaçant et, après avoir constaté, — ce qui n'était point exact, — que le gouvernement italien avait " reconnu ce qu'il y avait eu de déplorable dans l'exercice de son droit de visite, ,, il promit que l'incident n'aurait pas de suites, — dès, bien entendu, que les passagers et les vapeurs avec leurs cargaisons auraient été rendus....

La presse française se montra aussi peu accommodante que les hommes politiques. Le " Journal des Débats, ,, le " Siecle, ,, " l'Intransigeant, ,, le " Matin ,, excitaient à l'envi le gouvernement français à " parler assez haut et fort, pour forcer Rome à ne pas attendre 24 heures, pour désavouer ses fonctionnaires (1). ,,

En effet, les deux vapeurs, l'aéroplan et les passagers turcs furent rendus. Leur arrivée à Tunis fournit le prétexte à de bruyantes manifestations, aux cris de *Vive la France, à bas l'Italie, à bas la Sicile, vive l'aéroplan, vive la Turquie* (2).

Et pourtant, dans toute cette désagréable affaire, il n'y avait eu absolument de violé que le droit de l'Italie! L'examen fait des 29 passagers turcs soi-disant médecins et gardes-malades (lesquels, au lieu d'instruments de chirurgie, ne portaient d'ailleurs que d'excellentes carabines Mauser, des revolvers et d'autres armes....) avait démontré que trois seuls d'entre eux possédaient " quelques notions de médecine.... ,, (3).

Ou peut dire qu'à l'occasion de ces fâcheux incidents, qui firent tant de bruit et soulevèrent en France de si

---

(1) C u r à t o l o, *Id.*, p. 217.
(2) " Giornale d'Italia, ,, du 27 janvier (télégrammes de Tunis).
(3) *Id.*, 179.

terribles colères, — quelques-unes à froid, sans doute, — l'Italie seule fit preuve de modération et d'une parfaite sérénité d'esprit. Il serait même permis d'ajouter que s'il y eut quelque chose de trop de son côté, ce fut une extrême condescendance et un excessif amour de la conciliation.

Le langage provocateur d'une partie de la presse et de quelques hommes politiques. — J'ai déjà recueilli par-ci par-là, en passant, d'assez nombreux échantillons de ce langage, tantôt seulement inconvenant, tantôt d'une excessive imprudence; et, à la rigueur, cela pourrait suffire. Si j'y reviens ici, ce n'est pas seulement pour suivre M. Curàtolo dans toutes les plaintes qu'il formule ou pour faire connaître à nos amis français ce qui a pu justement nous froisser ; c'est, surtout, pour pouvoir insister encore sur ce fait, qui me paraît être incontestable et sur lequel on ne saurait trop appeler l'attention des Italiens: à savoir, que les impertinences, les menaces, les injures dont on a trop souvent gratifié l'Italie chez la nation voisine, étaient toujours inspirées par le dépit (une façon de " dépit amoureux.... „ *sui generis*) qu'on éprouvait en nous voyant de jour en jour plus liés avec l'Allemagne. De là, sans doute, ces reproches perpétuels d'ingratitude, qu'on ne se lassait pas de nous prodiguer et cette facilité étonnante à formuler des jugements téméraires sur notre conduite et nos intentions. De là aussi la manie, asset agaçante, de s'ingérer de nos affaires intérieures, comme, pour citer un exemple, M. Stéphen Pichon, ancien ministre des affaires étrangères, qui, en 1912, voulut se mêler de trancher pour nous la question romaine (qui ne regardait que nous) en soutenant, dans le " Petit Journal „, dont il est le directeur politique, que le Roi d'Italie et le Chef spirituel des catholiques ne peuvent pas résider dans la même capitale, — comme si 42 années de notre histoire contemporaine n'avaient déjà pas dû lui démontrer justement le contraire! — et en nous donnant, pour finir, le plaisant conseil d'envoyer le pape... *à Trente ou à Trieste*.

Et tant que ces dispositions peu amicales et bienveillantes trouvaient leur expression par la voie de la presse, passe encore; mais ce qui était bien plus grave, c'est que des hommes politiques, même des ministres, s'en laissaient influencer jusqu'au point d'oublier la prudence qu'auraient dû leur imposer l'importance même de leurs fonctions.

C'est ainsi qu'un ministre de la marine, dont je ne veux pas écrire ici le nom, parlant à Ajaccio, dans un banquet, le 13 septembre 1904, osa prononcer cette phrase: "L'île de Corse possède cette admirable rade, pouvant abriter des flottes de guerre, et *sa côte orientale vise l'Italie en plein coeur* (1). „

M. Curàtolo fait naturellement grand cas de ces paroles menaçantes, qui auraient pu, en effet, déchaîner la guerre, il y a douze ans, si l'Allemagne avait été prête, et si, après cela, l'Italie avait été aussi obligée qu'on le croyait en France de la suivre.... Et j'avoue qu'il n'y aurait presque pas d'atténuation possible à tirer du fait que ce fâcheux discours avait été prononcé à une époque où l'antagonisme entre les deux nations était arrivé à l'état aigu. Mais il est juste d'observer et il est bon qu'on sache, en Italie surtout, que le ministre imprudent fut aussitôt désavoué d'une manière éclatante et qui a été pour le gouvernement italien la meilleure des réparations.

Dans un discours tenu quelques jours après, à Matha (Charente Inférieure), M. Combes, président du Conseil

---

(1) Curàtolo, *Id.*, cap. X, p. 179.

des ministres, se chargea de dissiper l'impression des paroles d'Ajaccio, les attribuant " au feu d'une improvisation, dans la chaleur communicative d'un banquet,,, supposant charitablement que l'orateur n'avait visé qu'à trouver " un ornement littéraire, une figure de rhétorique ,, et déclarant au surplus carrément que le gouvernement français n'y était pour rien.

M. Curàtolo prétend que les explications fournies par M. Combes constituaient, elles aussi, un manque d'égards envers l'Italie(1)! Pour lui, ce n'était qu'une mauvaise plaisanterie, que de vouloir transformer une menace en un simple " ornement littéraire.... ,, Comment ne s'est-il pas aperçu, au contraire, que c'était là, sous une forme presque badine, une " exécution ,, en règle, un désaveu cinglant? Que fallait-il de plus, pour considérer l'incident comme définitivement clos? Le gouvernement italien eut bien raison de s'en contenter.

Si les incartades d'un ministre peuvent à ce point être dépourvues de toute importance, on aurait tort, ce semble, de prendre au tragique les attaques d'une presse malveillante. On pouvait néanmoins espérer que celles-ci auraient enfin cessé, en présence des faits, — si réjouissants au point de vue de l'amitié des deux nations, — auxquels nous venons d'assister et qui devaient faire bien comprendre que notre fraternité latine n'était pas un vain mot et que nous avions pleine conscience des devoirs qu'elle nous imposait. Mais, comme rien n'est aussi difficile que de se débarrasser des mauvaises habitudes de vieille date, nous avons malheureusement dû nous apercevoir que, chez certains journalistes français, une tendance irrésistible à se méfier de nous et à nous juger superficiellement, avait survécu même à notre parfaite entente, aux preuves de

---

(1) Curàtolo, *Id.*, p. 180.

sympathie dont il semble que nous n'avons pas été avares et à l'aide efficace que notre neutralité, d'abord, et, ensuite, notre guerre nationale, avaient apportée aux opérations militaires de ceux qui sont devenus nos alliés.

Les démonstrations de la persistance de cette mauvaise disposition d'esprit abondent. Par exemple, encore récemment, lorsque l'héroïque et malheureux Montenegro fut envahi par les Bulgares et les Autrichiens, il se trouva tout de suite des journalistes parisiens, qui voulurent attribuer au moins une partie de la responsabilité de ce désastre à l'Italie.... C'est ainsi que *Polybe*, du " Figaro, „ qui n'est pourtant pas un italophobe, crut devoir exprimer (sans aigreur, je le veux bien) son vif regret de ce que le gouvernement italien n'eût pas songé à envoyer dans la *Cherna-Gora* 25,000 *bersaglieri*, lesquels, suivant lui, auraient pu empêcher la prise du Mont Lowcen.

Voilà qui est bien flatteur pour nos vaillants soldats; et, sans forfanterie, nous croyons aussi que 25,000 Italiens, — bien conduits, — auraient sans doute fait ce qu'aurait pu faire un nombre égal de combattants, de n'importe quelle armée... Seulement, *Polyb*e a oublié de nous dire de quel poids aurait pu être une force si peu considérable, juste au moment où l'imposante armée franco-anglaise devait évacuer la presqu'île de Gallipoli et renoncer à une entreprise assez mal emmanchée et qui lui avait déjà coûté si cher (1).

Si *Polybe* n'a certes mis aucune mauvaise intention dans le reproche qu'il a cru pouvoir adresser au gouvernement italien, on ne saurait en dire autant de l'auteur d'un plus récent article du " Mercure de France „. Cette feuille, — d'un âge assez respectable, pour qu'on pût s'attendre de

---

(1) On sait, du reste, que nos troupes, débarquées à Durazzo et Vallona, ont contribué à sauver les débris des héroïques armées serbe et monténégrine.

sa part à un peu plus de prudence (1) — ne s'est-elle pas avisée de contester les droits de l'Italie sur Trieste, tout en exprimant l'espoir, assez impertinent, de voir notre nation " s'en tenir à la modération et au respect des droits d'autrui ,, en ce qui concerne l'Albanie ? (2) C'est vraiment à se frotter les yeux et à se demander si nous serions pas encore enchaînés, sans nous en douter, à la Triple Alliance....

Mais un si étonnant article me rassure, au moins, touchant l'utilité de ce chapitre, lequel me paraissait presque superflu. Non; il y avait encore lieu de revenir sur ce sujet; car on voit que le nombre est encore assez grand de ceux qui n'ont pas une idée suffisante des responsabilités qui incombent à quiconque tient une plume, — surtout lorsqu'il s'agit de respecter les intérêts d'une nation amie et de ménager ses justes susceptibilités.

Voici, par exemple, M. Maurice Barrès, un membre de l'Académie française! C'est un ami de l'Italie, assure-t-on. Mais vous savez le proverbe italien : *" Que Dieu me sauve de mes amis !* Quant aux ennemis, je m'en charge ! ,, (3) Or M. Barrès doit être justement de ces amis-là. Au mois de Mai dernier, cet illustre écrivain, après une délicieuse tournée à Venise et au front italien, rentra en France, pénétré d'admiration, paraît-il, pour tout ce qu'il avait vu chez nous et fort reconnaissant de l'accueil

---

(1) Sous le titre de *Mercure des Français*, cette revue date de 1605.

(2) *Mercure de France*, 1.r janvier 1916, p. 61, 65. « Si nous appliquions le principe du consentement des peuples, que nous devrions appliquer, car il est notre raison d'être morale, *l'Italie devrait s'abstenir de toute annexion :* même à Trieste et Fiume, l'élément italien a à peine la majorité.... Mais notre soeur latine a, elle aussi, ses souvenirs historiques *dont le poids l'entraîne,* et elle voudrait conquérir l'ancien domaine de la République de Venise; elle voudrait même occuper définitivement Vallona, à l'entrée du canal d'Otrante, qui ne lui a jamais appartenu.... *N'abandonnons pas tout espoir de la voir s'en tenir à la modération et au respect d'autrui....* »

(3) « Dagli amici mi guardi Iddio, chè dai nemici mi guard'io. »

empressé et déférent qu'il avait, naturellement, rencontré partout. Mais, ayant entrepris de faire part de ses impressions à ses lecteurs de l' " Echo de Paris „, dans une série d'articles intitulés " Dix jours en Italie „, il voulut avant tout faire connaître ce qu'il avait " découvert „ dans le domaine, si intéressant, de la psychologie du peuple italien. Et voici le résultat de ses recherches : " Aux yeux de l'Italien qui raisonne, une chose n'est pas tout à .fait nationale, si elle demeure territoriale... (1) „.

N'est-ce pas un éloge splendide, et bien mérité, de notre caractère national ? Sans doute ; mais attendez. Il y a autre chose :

"Toujours préoccupé de son origine latine, il (*l'Italien*) aime avoir des pensées universelles, et, plein de feu, il s'échappe du cercle étroit de ses intérêts propres, *après les avoir assurés...* (2) „.

Tâchons donc de comprendre. Que veut dire M. Barrès ? Que l'Italien est un *altruiste* fervent, mais seulement après qu'il a donné pleine satisfaction à son impérieux égoïsme ? Je ne vois pas une autre explication possible de cette phrase de l'illustre académicien. Et, en effet, peu un plus loin, dans le même article, M. Barrès, après avoir exprimé son admiration pour l'Italie, " qui *a voulu* cette dure guerre „ (tandis que la France a *dû la subir*, l'observation est encore de lui) se hâte d'ajouter, " ... Tout naturellement elle (l'*Italie*) aimerait bien être *récompensée* de son *désintéressement*, „ (C'est nous qui soulignons!)

Ainsi donc, le *désintéressement* de l'Italie serait, d'après M. Barrès, tout ce qu'il peut y avoir de plus.... *intéressé*! Et cette conviction, si flatteuse, comme on voit, pour notre caractére national, le porte, un peu plus loin, à

------

(1) *L'Echo de Paris*, du 26 mai 1916.
(2) *Idem*.

P. Preda, *Pour l'amitié Italo-française* - 11

plaindre les hommes politiques qui auraient, suivant lui, " décidés les hésitants, „ parce qu'il s'imagine que le pays les met déjà en demeure de lui montrer " ce que l'intervention rapportera. „

Tout cela prouve que M. Barrès n'a pas seulement fait fausse route dans le champ psychologique, où il a voulu, bien à tort, s'aventurer; mais qu'il n'a pas même su s'orienter ni acquérir des notions exactes, touchant les sentiments et les aspirations d'ordre supérieur, qui ont poussé le peuple italien à sortir de sa neutralité; — sentiments et aspirations qui se sont imposés spontanément à l'âme de la nation et dont nos hommes d'Etat, — à commencer par M. Salandra, — n'ont été que les dignes interprètes et les fidèles et vaillants défenseurs.

Voilà qui *est de la denièrere évidence*. Mais il paraît que ce sont des choses qu'un académicien même peut *ignorer*, en sa qualité de collaborateur assidu d'une feuille cléricale....

Quoi qu'il en soit, il est permis de s'étonner de ce qu'on n'ait pas encore compris partout, que le temps devrait être irrévocablement passé de ces continuelles piqûres d'épingle dont on paraissait jadis s'amuser tant à nos dépens !

Pour les criailleries et les *petites* méchancetés de la presse et les compliments ambigus du genre de ceux de M. Barrès, c'est au bon sens du public français à en faire justice. Nous avons quelque droit d'y compter, car, chez nous, il y a belle lurette qu'on a oublié le " Misogallo „ d'Alfieri, et il n'y a plus personne qui songe encore à attribuer aux Français le monopole de la légèreté ni celui de l'inconstance.

Les journaux, naturellement, flattent plutôt le goût de leurs lecteurs qu'ils ne le créent ou ne le dirigent. " Dis-moi ce qu'est l'abonné, je te dirai ce que sera le journal „. Peut-être bien qu'il y avait autrefois trop de gens qui trouvaient drôle de voir qu'on prenait toujours le peuple italien pour une " tête de Turc „, de celles qu'on voyait jadis dans les salles de gymnastique et qui servaient, plus encore qu'à dèvelopper la force de son biceps, à en faire étalage. Mais il semble que cet amusement devrait paraître désormais moins attrayant que dans le temps de nos brouilles.... Et il est bon qu'on sache, en tout cas, que nous n'avons jamais eu un goût furieux pour le rôle que certains journalistes nous attribuaient... sans nous avoir consultés.

CONCLUSION.

Il me semble donc résulter de façon évidente, du simple examen impartial des faits historiques de plus de soixante ans (1849-1914), que les torts les plus graves de la France envers l'Italie ont été, — pour la première partie de cette longue période, à savoir de 1849 à 1870, — l'oeuvre presque exclusive de Charles Louis Napoléon Bonaparte; et que, par conséquent, si même on voulait appeler en cause le parti réactionnaire français, qui a, sans doute, inspiré, ou du moins toujours chaleureusement approuvé, la plupart de ces actes hostiles, il serait injuste d'en vouloir étendre la responsabilité à la nation française tout entière; — et en ce qui concerne les événements successifs à la chute de l'Empire, il y a lieu d'espérer qu'en lisant ces pages on aura acquis la convinction que tout ce qui a été fait en France contre l'Italie, depuis l'avènement de la 3me République et jusqu'à ces temps derniers, peut-on dire, n'a jamais eu qu'une cause : le soupçon ou la crainte, plus ou moins fondés, de notre inimitié, laquelle se présentait, il faut le reconnaître, comme une conséquence naturelle et logique des relations que nous avions dû nouer avec l'Allemagne, et surtout, depuis 1882, de notre accession à la Triple Alliance, — quelque peu spontanée et volontaire qu'elle eût été. C'est bien, notre condition d'amis, d'abord, et, ensuite, d'alliés de l'Allemagne, qui a poussé les hommes d'Etat de la 3me République à perpétuer contre l'Italie les procédés hautains et malveillants du 2me Empire.

Ainsi, dans cette rapide revue rétrospective des relations italo-françaises, on n'a point voulu dissimuler, ni même atténuer, ce que nous avons eu à reprocher à la France ; mais seulement mettre le tout en pleine lumière, afin de pouvoir attribuer aux événements leur valeur relative et en démêler les causes véritables.

Or, en tenant compte loyalement de tous les facteurs de l'état d'âme où les deux peuples se sont successivement trouvés, ainsi que des circonstances qui ont influé sur les manifestations de leurs anciennes mésintelligences et de leur antagonisme, il paraît certain qu'il ne reste absolument aucun mauvais souvenir, qui puisse entraver ou simplement refroidir l'élan réciproque qui vient de faire renaître entre eux l'amitié la plus sincère et cordiale.

Et de cette constatation il en doit sortir une autre, non moins consolante ; et c'est que les torts de l'Italie envers la France, — à part ceux dérivant d'une fausse position, qu'elle avait, nous le savons, plutôt subie que désirée.... — se sont, en réalité, réduits presque tous à des manifestations, parfois très vives, de ressentiment, qu'on n'aurait pas le droit de lui reprocher ; puisque (si l'on veut bien se mettre à notre place) il ne sera pas difficile de reconnaître qu'au fond elles étaient assez justifiées. En effet, crier un peu *à bas la France*, ce n'était pas un excès, — quand les chassepots français accomplissaient leurs " mérveilles,,, en décimant nos volontaires à Mentana, ou quand, plus tard, on massacrait nos travailleurs.... Mais ce q'il importe encore plus de remarquer, c'est que l'Italie, même dans les heures les plus sombres et lorsqu'elle se croyait le plus éloignée de la France, n'avait jamais pu se dépouiller entièrement de sa sympathie pour elle; car, dans ces tristes moments, elle en voulait à la nation voisine, mais toujours comme à une amie, qui lui causait de trop amères déceptions.... Et cette sympathie devait être profondément enracinée, pour avoir pu résister, comme elle a fait, aux rudes épreuves que nous savons!

Ce qui est certain, c'est que l'Italie ne garde actuellement aucune rancune pour le mal qu'on a pu lui faire, — mal trop réel et qu'il serait puéril de vouloir encore déguiser sous le lieu commun, un peu monotone, des éternels " malentendus,,, dont personne n'a jamais su donner une explication tant soit peu satisfaisante, et à l'aide desquels, en s'obstinant à dissimuler les motifs sérieux de mécontentement qu'il y a eu autrefois, on risque de forger pour l'avenir de véritables et dangereuses équivoques.... Oui, l'Italie a tout oublié, dès qu'elle a vu la France injustement attaquée et exposée à un grand péril. C'est que, cette fois-ci, il n'y avait pas même eu, comme en 1870, une " dépêche d'Ems,,, *modifiée* par le futur prince de Bismarck, pour donner le change à l'opinion de l'Europe.... Tout le monde sentait que la France, dans son intérêt aussi bien que dans celui des autres peuples indépendants, qui ne voulaient pas non plus subir le joug de l'Allemagne, opposait son courage et sa vaillance à la plus infâme des agressions. Notre sympathie, — dérivant d'affinités morales aussi bien que des communes aspirations démocratiques, sans doute, mais, encore plus, du sentiment de justice, qui est et a toujours été si puissant dans l'âme italienne, — pouvait aller à notre sœur latine, franchement, sans arrière-pensées.

C'est pourquoi, lorsque, au mois d'août 1914, la grande conflagration éclata, le peuple italien fut-il soulevé d'indignation contre l'Allemagne, qui allumait l'incendie, en se servant de l'Autriche comme d'un docile instrument. La pitié et l'admiration pour les deux petits peuples héroïques de la Serbie et de la Belgique touchèrent d'abord tous les cœurs, il est vrai ; mais bientôt il vint se joindre à ce sentiment celui d'un intérêt profond, fait d'affection et de vive sollicitude, pour la France, injustement attaquée et si digne d'être admirée pour sa noble contenance. Avec quelle joie sincère on apprit alors que la glorieuse nation ne serait pas seule à défendre son existence, ses droits et ceux de tous les peuples libres ; qu'elle aurait l'appui de la Russie et de l'Angleterre !

Cette préoccupation supérieure, dictée, — il faut le répéter, — par un esprit désintéressé de justice, fut la seule qui d'abord nous émut. Oui, ce n'était malheureusement que trop vrai : depuis 32 ans, nous faisions partie, bien malgré nous, de la Triple Alliance, dans laquelle (on a déjà rappelé pourquoi et comment) l'on nous avait forcés de nous réfugier, — c'est bien le mot, — à notre corps défendant, en 1882. Mais, depuis cette date néfaste, on n'avait jamais cessé de considérer un tel lien comme quelque chose de contre nature et qui jurait avec nos plus nobles traditions. Par exemple, le souvenir n'est pas encore effacé de l'humiliation profonde que nous éprouvâmes, lorsque le malheureux roi Humbert dut faire le voyage de Vienne, pour rendre visite, affublé en "colonel autrichien„, à François Joseph !...

Et jamais, — qu'on le remarque bien, — pendant

toute la durée de cette alliance, l'idée de devoir peut-être un jour marcher contre la France, à côté de nos alliés, ne fut prise chez nous au sérieux.

— Attaquer la France? disait-on. Ah! non. — Devenir, nous, les compagnons d'armes des Autrichiens? Jamais de la vie! Le gouvernement qui exigerait cela, provoquerait une révolution! — Et c'était l'avis de gens plus que modérés et amis de l'ordre.

Cette répugnance insurmontable pour les deux éventualités qu'on pouvait craindre, devint poignante, au moment où l'Allemagne franchit sa frontière, pour envahir la Belgique et attaquer la France. Aussi n'oublierons-nous jamais le soulagement que nous causa la déclaration de neutralité de notre gouvernement, déclaration que l'on tenta de flétrir, à Berlin et à Vienne, comme une trahison, et qui n'était après tout que la loyale exécution du pacte....

Mais la neutralité pouvait-elle nous suffire? Quand on luttait, si près de nous, pour défendre l'indépendance des peuples et la civilisation universelle, contre le plus grand et plus hideux attentat qu'elles aient eu à essuyer depuis les siècles les plus reculés dont on ait conservé le souvenir, pouvions-nous rester les bras croisés? Le pouvions-nous, sans déchoir de notre rang de nation civilisée et libérale, sans renier tout notre passé, tous les principes sacrés au nom desquels nous avions secoué le joug des anciennes tyrannies? Cela n'était guère possible pour les compatriotes de Garibaldi!

Et alors nous nous souvînmes des vieux comptes que nous avions à régler avec l'Autriche, — la complice de l'Allemagne, — pour faire de notre indépendance une chose réelle, complète et inviolable, en revendiquant les terres italiennes encore soumises au despotisme de notre ennemie séculaire, — de même que nos frontières naturelles et indispensables, que Napoléon III avait voulu lui conserver, en 1866, pour qu'elle eût ainsi les portes toujours ouvertes à l'invasion de nos contrées. De là notre mouvement interventiste, qui, venu de l'élite de la nation, ne tarda pas à gagner les masses et finit par s'imposer au gouvernement, balayant de la scène politique (et que ce soit à tout jamais!) Giolitti et sa déplorable coterie.

En entrant à son tour dans le conflit, sans se dissimuler les difficultés et les sacrifices qu'elle allait rencontrer, l'Italie obéissait aux suggestions d'un ardent et clairvoyant patriotisme, autant qu'à celles de son esprit chevaleresque, qui la poussait à venir en aide à ceux qui soutenaient avec tant d'héroïsme une cause juste. Et l'on peut dire que ce fut là sa première préoccupation.

Ce que son intervention, mieux encore que sa neutralité des dix premiers mois, — rendue nécessaire surtout par les préparatifs militaires, — aura jusqu'ici valu d'avantages positifs, à la coalition formée contre les Empires centraux, ce sont les historiens impartiaux de cette longue et terrible guerre qui pourront seuls le dire; mais les profanes eux-mêmes doivent savoir dès à présent quelle importance a eu notre entrée en campagne, pour la cause dont nous sommes devenus, à notre tour, les défenseurs.

C'est que l'Italie, par sa situation dans le monde, son histoire et ses aspirations, a toujours eu cette destinée, glorieuse, mais redoutable, de ne pas pouvoir viser à son indépendance ni compléter son unité, qu'en travaillant, du même coup et directement, au progrès universel. N'est-ce pas elle qui, par l'occupation de Rome, en 1870, a sonné le glas du régime théocratique et inauguré la séparation du spirituel et du temporel? Et cette œuvre, d'une portée si universelle, n'était-elle pas la condition *sine qua non* de sa reconstitution nationale?

De même, la guerre actuelle, n'est-elle pas une efficace coopération à la délivrance de ce cauchemar qu'était pour l'Europe entière la menace de l'hégémonie allemande ?

Aussi l'Italie est-elle heureuse et fière de penser qu'en travaillant pour son droit et sa grandeur, elle donne un puissant concours à l'œuvre d'émancipation à laquelle la France s'est vouée, dans son intérêt aussi bien qu'au profit de tous les peuples libres ou dignes de le devenir.

Il est vrai que nos francophobes font fi de ces nobles sentiments, dont ils prétendent que les amis de la France sont les dupes. Ils appellent cela de la " sensiblerie „! Que ne nous expliquent-ils pas plutôt en quoi notre sympathie pour la nation voisine, — affaire de sentiment aussi, — peut être en opposition avec le soin jaloux de nos légitimes intérêts. N'en fortifie-t-elle pas, au contraire, la conscience ?

Pourquoi nos deux nations ne devraient-elles pas s'aimer et s'entendre, du moment que rien ne les divise plus ? Quel sujet de brouille pourrait-on craindre encore entre elles ? Serait-ce la " question romaine „ ? Nous pouvons être dans la plus parfaite tranquillité là-dessus. Le dilemme, posé et tranché avec une si inconsciente outrecuidance par le ministre Rouher, en 1867, n'existe plus ! Il n'a, à vrai dire, jamais existé. La possession de Rome n'a jamais été nécessaire à l'exercice du pouvoir spirituel du pape : la partie éclairée des catholiques est, au contraire, convaincue que la souveraineté politique, loin d'être utile à la foi religieuse, lui a toujours nui et lui serait encore nuisible. On sait, par exemple, ce qu'en pensait Dante, un des plus sincères croyants (1). Mais Rome est en revanche indispensable à l'Italie, pour son indépendance et son unité nationale. Et, au surplus, comme

____

(1) Voir P. Preda, *L'idea religiosa e civile di Dante*, Milano, F.lli Dumolard, 1889.

P. Preda, *Pour l'amitié italo-française* - 12

il s'agit d'une question d'ordre intérieur, qui a déjà été résolue par la loi des garanties, nous sommes bien décidés naturellement à ne jamais la laisser exhumer, — pas plus par les Empires du Centre, qui voudraient bien s'en faire une arme contre nous, à l'imitation de l'Empire français, que par nos amis les mieux intentionnés, qui, pensant nous aider, malgré nous, pourraient s'aviser de nous réserver ce " pavé de l'ours „...

Mais si le danger ne peut plus venir de ce côté, devra-t-on craindre de notre part des revendications territoriales ? M. Curàtolo en parle, par-ci, par-là, dans son livre. C'est, d'ailleurs, le sujet favori des diatribes de nos francophobes : — Si les Français sont tellement de nos amis, que ne nous rendent-ils pas Nice et la Corse ? — disent-ils volontiers.

Expliquons-nous donc clairement aussi là-dessus. Dans les questions de nationalité, outre les éléments de la position géographique, de la race, de la langue, des traditions ou des précédents historiques, il y a celui, qui doit primer les autres, de la volonté des peuples. Or, à ce point de vue, et toute autre considération à part, il est certain que ni les Corses ni les Niçois (bien que l'annexion de ces derniers à la France soit de date beaucoup plus récente) n'auraient aucune envie de demander leur union au Royaume d'Italie, — pas plus que les Tessinois, qui appartiennent à la Suisse depuis le XVIème siècle.

C'est pourquoi un *irrédentisme* de ce côté ne pourrait pas même exister. Nos amis de France peuvent donc être tranquilles. Nous ne soulèverons pas des questions de murs mitoyens....

Cela ne pourrait arriver, et toujours sous forme de réclamations amicales, — que le jour où la France obtiendrait de l'Angleterre la restitution des Iles normandes, — de cet archipel de Jersey, dont l'île principale, qui lui donne le nom, se trouve à peine à 25 kilomètres du département de la Manche et qui est habité par un peuple exclusivement français de langue et de race. Comme ces quatre îles ont été enlevées à la France du temps de Guillaume le Conquéravt, qui vivait au XIème siècle, nos francophobes devront s'armer de patience. On peut croire qu'ils n'auront pas de sitôt l'occasion de faire valoir leur irrédentisme.... même conciliant.

Pour conclure, notre amitié avec la France est désormais sans nuages. Et, en effet, depuis qu'on nous a vus à l'œuvre et qu'on a pu juger de nos véritables sentiments, on ne nous a pas marchandé, chez la nation voisine, les témoignages d'estime ni les éloges. De notre côté, nous pensons, en toute sincérité et sans fausse modestie, que notre conduite, parfaitement honnête et logique, n'a été que ce qu'elle devait être. C'est au point que nous n'aurions su en imaginer une autre.

Aussi ne sommes-nous point avides des approbations, souvent trop dithyrambiques, — flatteuses certes, mais toujours un peu superficielles — dont nous comble, depuis quelque temps, cette partie même de la presse française qui ne nous avait pas jusqu'ici trop gâtés.... Ce que nous souhaitons plutôt, c'est une appréciation impartiale, quoique sympathique, de nos actes ; car nous croyons que c'est la seule qui, dans le commun intérêt, pourra permettre à notre nation d'entretenir avec la France d'inaltérables relations de cordialité sincère, et de coopérer fraternellement avec elle au développement toujours croissant du progrès, du bien-être social et de la civilisation démocratique chez les deux Nations sœurs.

Prix: Francs 2,25

www.ingramcontent.com/pod-product-compliance
Ingram Content Group UK Ltd.
Pitfield, Milton Keynes, MK11 3LW, UK
UKHW020012100726
13658UKWH00002B/922